贸易摩擦对企业出口
国内增加值率的影响研究

杨月涛　张　燕　著

哈尔滨工程大学出版社
Harbin Engineering University Press

内 容 简 介

本书坚持国际贸易理论与中国经济尤其是国贸发展相结合。一方面,本书通过成熟的国际贸易理论和标志性概念构建国际贸易学科领域的学术体系;另一方面,本书采用海量微观数据库验证了贸易摩擦对中国企业出口国内增加值率的影响,对中国企业国际贸易发展进行剖析与解读。本书内容难度适中,科学性和逻辑性强,有利于培养读者和学生分析问题和解决问题能力。

本书可作为普通高等学校经济学、国际经济与贸易、国际商务等专业本科生和专业硕士生教材,也可供对贸易摩擦和全球价值链问题感兴趣的读者学习使用。

图书在版编目(CIP)数据

贸易摩擦对企业出口国内增加值率的影响研究 / 杨月涛,张燕著. — 哈尔滨 : 哈尔滨工程大学出版社,2023.6
ISBN 978 – 7 – 5661 – 4035 – 7

Ⅰ. ①贸… Ⅱ. ①杨… ②张… Ⅲ. ①对外贸易关系 – 影响 – 工业企业 – 出口贸易 – 研究 – 中国 Ⅳ. ①F752.7

中国国家版本馆 CIP 数据核字(2023)第 121161 号

贸易摩擦对企业出口国内增加值率的影响研究
MAOYI MOCA DUI QIYE CHUKOU GUONEI ZENGJIAZHILÜ DE YINGXING YANJIU

选题策划	雷 霞
责任编辑	唐欢欢
封面设计	李海波

出版发行	哈尔滨工程大学出版社
社 址	哈尔滨市南岗区南通大街 145 号
邮政编码	150001
发行电话	0451 – 82519328
传 真	0451 – 82519699
经 销	新华书店
印 刷	哈尔滨午阳印刷有限公司
开 本	787 mm × 960 mm 1/16
印 张	10.25
字 数	208 千字
版 次	2023 年 6 月第 1 版
印 次	2023 年 6 月第 1 次印刷
定 价	45.00 元

http://www.hrbeupress.com
E-mail:heupress@ hrbeu.edu.cn

前　言

改革开放以来,中国经济保持高速增长,从需求端来看,经济增长主要依靠消费、投资和出口驱动。加入世界贸易组织后,我国与世界各国的贸易往来日益频繁,外贸规模不断扩大。但近年来,全球贸易保护主义势力逐渐抬头,美国不断针对中国制造业产品加征关税,国际贸易摩擦时常发生,这对中国制造业外贸的发展产生了诸多不利影响。中国的制造业凭借市场庞大和成本较低的优势,以加工贸易为突破口快速融入到全球价值链分工体系中,但在全球经济增速放缓和国内生产要素成本上升的压力下,制造业出口增长陷入困境,低端化和低价值增值化等问题逐渐凸显。因此,对贸易摩擦和出口国内增加值率的研究有助于更加深刻地理解和应对贸易摩擦,提高出口国内增加值率,提升企业在全球价值链中的地位。

本书首先对贸易摩擦、企业异质性贸易理论和出口国内增加值率的相关文献进行系统的梳理,构建了贸易摩擦影响企业出口国内增加值率的理论模型;其次,使用出口国内增加值率的微观核算方法,通过匹配中国工业企业数据库和海关数据库得到企业出口增加值率的测算结果;再次,世界银行临时性贸易壁垒数据库中的反倾销数据作为衡量贸易摩擦的代理变量,检验贸易摩擦对企业出口国内增加值率的影响作用,使用调节效应模型检验贸易摩擦对企业出口国内增加值率的影响机制;最后,根据研究结论,提出政策启示。

笔者深知,书中对于贸易摩擦和企业出口国内增加值率的全面和深入的介绍,在很多方面超出了个人的学识和能力的范围。笔者作为一名经济学领域的研究者,处于一种不断学习、不断实践、不断进步的过程之中。因此,本书可能存在这样或那样的错误和不足之处。在将本书呈现在读者面前的时候,作者真诚地希望读者对本书的缺点进行批评指正,以便作者对本书继续进行修订,不断提高本书的水平,使本书更好地适应专业领域内的研究者学习需要。

本书的出版得到了2023年江苏高校哲学社会科学研究项目(2023SJYB1515)的支持,在此表示感谢。在本书出版之际,向帮助过本书出版的老师和出版社领导、编辑致以诚挚的谢意!

杨月涛

2023 年 1 月

于江苏科技大学沙洲湖畔

目　　录

第一章 绪 论

第一节 选题背景与研究意义

一、选题背景

改革开放 40 多年来,中国经济保持高速增长,年均经济增速超过 9%,经济总量占全球的比例从 1.8% 提高到 15% 以上。自加入世界贸易组织以来,中国与世界各国的贸易往来日益频繁,外贸规模不断攀升。根据对外贸易总额排名,中国已多次成为世界第一贸易大国。2013 年起,中国连续三年蝉联全球货物贸易第一大国,由此可见中国已成为世界贸易的重要组成部分。从 2001 年到 2020 年的 20 年间,中国的对外贸易总额增长了近 7 倍,由 4 万多亿元增长至 32 万多亿元,整体上呈现增长态势,如图 1-1 所示。① 受 2008 年金融危机的影响,2009 年的对外贸易总额下滑,在这之后对外贸易快速反弹并呈上升趋势。2015—2016 年,受全球市场低迷、汇率波动等多重因素的影响,出现贸易额短暂下降的态势,2017 年后这一态势得到良好的改善。受世界范围内的疫情和全球贸易保护主义势力抬头的影响,2020 年的对外贸易总额相对平稳。

在对外贸易上,中国一直用"不冲突不对抗、相互尊重、合作共赢"的合作理念来维持多边经贸关系,与世界各国经贸关系大体上保持稳步发展的趋势,但国际贸易摩擦时常发生,如何解决这些问题是我们面临的一项较大的挑战。2018 年 6 月,美国针对从中国进口的 500 亿美元商品征收额外关税,主要涉及信息通信、航天航空、新材料、机器人技术等与"中国制造 2025"相关的产品。"美国 301 调查报告"引发了新一轮中美贸易争端。这一轮中美贸易争端虽是以关税为手段的正面冲突,但从美国发动贸易战的背景来看,美国想通过加征关税影响中国高新技术制造业发展,加税清单涉及设备制造、汽车、船舶、航空、电子元件加工等高新技术制造业。中国相对于美国处于被动的局面,虽然中国的对等反制措施针对性强,但灵活性和效率不足;虽然中美目前就贸易摩擦达成部分谈判协议,消除了再次加征关税的一些威胁,但我国对中美贸易关系的预期并没有改善。2021 年 7 月 1 日,习近平

---

① 根据国家统计局官方数据计算得出。

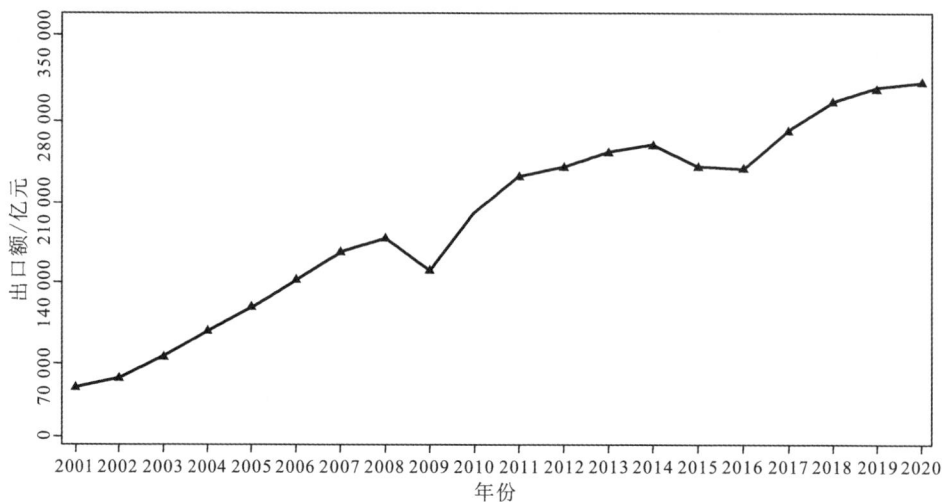

图1-1　2001—2020年中国对外贸易总额变化图

总书记在庆祝中国共产党成立100周年大会上的讲话指出,新的征程上,我们必须增强忧患意识、始终居安思危,贯彻总体国家安全观,统筹发展和安全,统筹中华民族伟大复兴战略全局和世界百年未有之大变局,深刻认识我国社会主要矛盾变化带来的新特征新要求,深刻认识错综复杂的国际环境带来的新矛盾新挑战,敢于斗争,善于斗争,逢山开道、遇水搭桥,勇于战胜一切风险挑战![1]

　　制造业凭借市场庞大和成本较低的优势,以加工贸易为突破口快速融入全球价值链分工体系中,制造业出口规模跃居世界榜首。但受全球经济增速放缓和国内生产要素成本上升压力的影响,中国制造业出口增长陷入困境,低端化和低价值增值化等问题逐渐凸显。在当今全球价值链的国际分工体系下,出口的国内增加值可以更加准确地反映一国的贸易利得和发展状况,并充分反映其在全球价值链上的参与程度,对一国经济增长和贸易促进有着至关重要的作用。因此,快速提升制造业出口的国内增加值,进而实现出口增长成为亟待解决的问题。中国经济已由高速增长阶段转向高质量发展阶段,正处在经济发展方式转变、经济结构优化和增长动力转换的攻关期,推动经济发展质量变革、效率变革、动力变革势在必行。[2]随着全球经济一体化的加快,国际分工不断深化,价值链向全球延伸,国家出口竞争优势已不单纯取决于出口规模,企业获取产品附加价值的能力及其在全球价值

---

① 习近平. 在庆祝中国共产党成立100周年大会上的讲话[N]. 人民日报,2021-07-02(002).
② 十九大报告做出了"中国特色社会主义进入新时代"的重大判断,具有划时代的里程碑意义[N]. 人民日报,2017-10-19(006).

链中的位置也发挥了重要作用。

那么在上述研究背景下,如何衡量中国和外国之间的贸易摩擦? 贸易摩擦对中国企业的出口国内增加值率会带来什么样的冲击? 贸易摩擦对中国的出口国内增加值率影响的微观机制是什么? 贸易摩擦对中国企业的出口国内增加值率的影响有什么样的异质性? 这些都是贸易摩擦和企业的出口国内增加值率领域亟待研究的课题。

二、研究意义

(一)理论意义

国际间的贸易摩擦会对伙伴国的经济发展和福利水平带来一定损失,例如中美两国加征关税,清单中大部分商品为中间产品,受中间品贸易的影响,中美两国发生贸易摩擦时两国福利水平都会恶化,并且中国的福利水平恶化程度更为严重(樊海潮、张丽娜,2018),摩擦将表现为常态化、长期化、复杂化(余振等,2018)。已有研究从整体上对贸易摩擦的经济效应做了较为全面的论述,但对出口国内增加值率的研究及其影响机制分析得较少。对提倡高质量、高水平发展的中国来说,探讨贸易摩擦对企业的出口国内增加值率的影响及其理论机制非常重要。本书的研究可为有关贸易摩擦和企业的出口国内增加值率的相关文献提供新的视角,为"建设更高水平开放型经济新体制,全面提高对外开放水平,推动贸易和投资自由化便利化,推进贸易创新发展"的战略目标提供理论支撑。

本书围绕贸易摩擦对中国制造业企业出口增加值率的影响这一主题展开研究,并以异质性企业理论研究为理论基础,这或许对丰富和发展现有的研究具有一定的参考价值。目前,关于贸易摩擦和全球价值链的相关文献有很多,但大部分集中在研究其测算方法、经济效应和影响因素,直接从贸易摩擦对出口国内增加值率影响的文献几乎没有,尤其是企业层面。借鉴贸易摩擦对出口国内增加值率影响的理论模型(Kee 和 Tang,2016),引入企业出口国内增加值率的异质性,刻画了贸易摩擦影响企业出口国内增加值率的微观理论机制,利用海量微观数据库实证检验了理论机制,从贸易摩擦和异质性企业贸易理论的视角出发,为中国制造业企业的出口国内增加值率的变化提供了微观解释。

(二)现实意义

随着中国综合国力的提升,中国成为世界上面临最多贸易摩擦的国家,申诉国不仅包括美国、欧洲等发达国家,还包括印度、土耳其等发展中国家,数量庞大,因此,中国的外贸发展将在很长时间内受到各种类型贸易摩擦的困扰。从发展脉络方面来看,中美之间发生的贸易摩擦无论在形式上还是在内容上,都是比较齐全且具有代表性的,美国作为世界经贸规则的制定者,发动的贸易摩擦对其他国家具有很强的示范效应。当美国针对一个国家发动贸易摩擦,很容易引起连锁反应,其他国家也会纷纷效仿。对贸易摩擦和出口国内增加值率的研究,有助于更加深刻理解和应对贸易摩擦,提升出口国内增加值率有利于全球经济战略的推进,对实现"高水平对外开放,开拓合作共赢新局面,促进国际合作,实现互利共赢"具有重要的现实意义。

第二节　文献综述

本节系统地梳理了与本书相关研究的文献,主要包括与贸易摩擦的相关研究,出口国内增加值率的核算及影响因素和贸易摩擦对企业的影响效应。这些文献对本书在研究贸易摩擦对企业出口国内增加值率的影响时,具有重要的参考价值和深刻的借鉴意义,在此之上得到很多启发。

一、贸易摩擦的相关研究

本小节对与本书研究相关的理论基础进行了梳理。第一,回顾了经典的有关贸易摩擦的理论根源的相关理论,主要包括重商主义理论、幼稚工业保护理论和战略性贸易政策理论;第二,讨论了贸易摩擦的经济效应,包括微观层面和宏观层面的效应,由于中美贸易摩擦是中国与国外发生贸易摩擦最重要的组成部分,因此又重点讨论了近几年中美贸易摩擦的经济效应。由于本书的重点研究对象是企业,因此本书的研究是基于企业异质性贸易理论来展开分析的。对以上的理论进行梳理,有利于更好地理解本书的研究意义和研究内容。

(一)贸易摩擦的理论根源

重商主义最初是由亚当·斯密[①]在《国民财富的性质和原因的研究》中提出的。其中,对资本主义生产方式进行了最初的理论考察,促进了商品货币关系和资本主义经济的发展,命题"看不见的手"出自此著作。重商主义理论的发展可以分为两个阶段,一是早期的重商主义,二是晚期的重商主义。早期的重商主义产生于15至16世纪,在政策主张上,当鼓励对外贸易时,多卖少买,禁止货币输出国外,以储存更多的货币和财富;晚期的重商主义产生于17世纪上半叶,当鼓励对外贸易时,多卖并允许货币输出国外,主张要出售本国商品总额大于进口国外商品总额。早期和晚期的重商主义差异反映了在资本主义经济不同发展阶段的不同要求,重商主义促进了资本主义经济的发展,为资本主义生产方式的成长奠定了基础。

---

① 亚当·斯密(Adam Smith),1723年6月5日—1790年7月17日,出生在苏格兰法夫郡(County Fife)的寇克卡迪(Kirkcaldy),英国经济学家、哲学家、作家,经济学的主要创立者。亚当·斯密强调自由市场、自由贸易,以及劳动分工,被誉为"古典经济学之父""现代经济学之父"。

幼稚工业保护理论由亚历山大·汉密尔顿①于 1791 年首次提出,后由弗里德里希·李斯特②在《政治经济学的国民体系》③中系统论述。幼稚工业保护理论的提出与战争息息相关,战争可使经济发展发生扭曲甚至停滞不前,并给社会发展带来无法估量的负面影响。弗里德里希·李斯特在《政治经济学的国民体系》④中指出战争迫使交战国不得不努力争取自给自足,鼓励了工业落后国家追求在工业上的稳定发展,这一历史经验构成了幼稚工业保护理论的基础,琳达·维斯和约翰·霍布森⑤进一步指出,战争对资本主义的经济发展具有乘数效应。例如抗日战争时期,后方航运业需求激增,促使国内的工厂学习制造轮船,实现了由修配到制造的转变;进口国外设备困难,促使工商自主研发制造核心零部件,提高了技术生产力(严鹏,2019)。

20 世纪末,国家贸易模式发生显著变化,一些国家尤其是发达国家涌现了大量的产业内贸易,传统的国际贸易理论无法解释这一现象。一些学者运用产业组织理论来解释这些国际贸易现象(Brander 和 Barbara,1985;Krugman,1979),从而产生了"新贸易理论",战略性贸易政策理论是其重要的组成部分。

战略性贸易政策理论由利润转移理论和外部经济理论两部分组成,利润转移理论指在不完全竞争市场结构中,政府可通过保护本国战略性产业转移他国利润;外部经济理论指政府可通过对存在较大外部效应的产业保护扶持,从而提高国际竞争力,增加本国福利(Brander 和 Barbara,1981;Eaton 和 Grossman,1986;Venables 和 Anthony,1984)。

在寡头垄断市场的博弈中,成本较低的国家获得的利益更大(Collie 和 David,2003);出口贸易量和国际市场份额比重较大的国家或地区,通过战略联盟的方式来增加利益的作用要高于战略性贸易政策,但在自由贸易政策下,战略性贸易政策的作用将会更大(Morasch,2000)。Diao 等(1999)研究发现,自由贸易能够在短期内使世界各国的福利增加;Caglayan 和 Murat(2004)研究发现,政府如何采取战略性贸易政策取决于噪声信号的真实程度。

---

① 亚历山大·汉密尔顿(Alexander Hamilton),1757 年 1 月 11 日—1804 年 7 月 12 日,美国军人、开国元勋、经济学家、政治哲学家,美国宪法起草人之一、第一任美国财政部部长。

② 弗里德里希·李斯特(Friedrich List),1789 年 8 月 6 日—1846 年 11 月 30 日,出生于德国,曾任蒂宾根大学教授,《莱茵报》主编,经济学家,德国历史学派的创始人。

③ 《政治经济学的国民体系》于 1841 年出版,系统地提出了幼稚工业保护的贸易学说,论证了实行关税来保护德国工业资本发展的必要性。

④ 弗里德里希·李斯特.政治经济学的国民体系[M].陈万煦,译.北京:商务印书馆,2012.

⑤ 琳达·维斯,约翰·霍布森.国家与经济发展:一个比较及历史性的分析[M].黄兆辉,廖志强,译.长春:吉林出版集团有限责任公司,2009.

(二)贸易摩擦的经济效应

在完全竞争条件下,市场中通过"一只看不见的手"实现资源的最优化配置,几乎达到了帕累托的最优状态。在这种情况下,国际贸易伙伴国之间不存在贸易摩擦,在国际经济均衡中,各个国家参与的国际分工福利达到最优化。但若贸易国违背市场发展准则,市场就会发生失灵资源无法得到有效配置,从而偏离国际分工的平稳格局。例如,在完全竞争条件下,某一国家或地区对本国出口商品采取补贴的措施,则贸易伙伴国的福利将会受到损失,将不会实行自由贸易政策,引发贸易摩擦。完全竞争是一种理想的经济状态,现实中更多的是不完全竞争,尤其是寡头垄断。在不完全竞争市场中存在很多大型垄断企业,它们为获得高额利润和增强国际竞争力,一国可能会实行进口限制和出口促进的战略性策略来获得更多的国际市场份额,但会引起贸易伙伴国的反对和报复,引发贸易摩擦。

在开放经济环境下,宏观经济均衡需要内部和外部动态均衡协调发展。一个国家或地区在实施贸易政策与国外贸易伙伴发生摩擦时,不仅要确保外部的均衡,还要协调国内经济发展。宏观经济的发展取决于二者之间的动态平衡和协调程度,若二者之间能够协调发展,则国家可顺利对外发展国际经济与贸易,若二者之间不能协调发展,往往会引起国际贸易失衡,这时国家或地区往往须采取一定的贸易手段来维持经济的稳定发展(林学访,2007)。

贸易摩擦往往与国际贸易收支和经常项目不平衡息息相关,那么两国间的贸易摩擦不仅要通过政府间的经济协商来解决,也应该关注两国的储蓄投资和财政收支(胡方,2001)。随着生产力发展的变化,一国生产能力的提高不一定能够提高其他国家的生产能力,甚至会带来一定的损害。因此,国际贸易未必能够使所有贸易参与国的社会福利都有所提高,这样就会带来一定的贸易冲突。一国生产能力的提高可能是以牺牲其他国家的社会福利作为代价的。当本地产业与贸易伙伴国进行经济合作时,有可能导致本国福利的损失,而非提高。当一个发达国家或地区与相对比较落后的国家进行合作发展时,往往能获得一定的收益;但当贸易伙伴国的经济发展达到一定的阶段后,将会引起贸易利益的冲突,从而引起贸易摩擦(Gomory 和 Baumol,2000)。

自 2018 年美国单方面开展"301 调查"①以来,中美贸易摩擦进入一个全新的阶段,国内外诸多学者研究了新阶段下中美贸易摩擦的经济效应。首先,一些学者对中美贸易摩擦的后果做了评估,例如李春顶等(2018)通过构建一般均衡数值模型系统,研究表明,中美贸易摩擦会给双方带来损害,并且中国受到的损害会更大;中美贸易摩擦可使中美贸易顺差下降 975.45 亿美元,同时使中美两国无谓损失分

---

① "301 调查"是美国依据 301 条款进行的调查,301 条款是指《1988 年综合贸易与竞争法》第 1301～1310 节的全部内容。

别增加25.70亿美元和79.49亿美元(王晓星,2019);中国的福利损失高于美国,而美国就业下降的百分比高于中国(齐鹰飞,2019);当美国单方面提高进口中间品关税时会降低其福利水平,但提高最终产品关税时其福利会得到改善(樊海潮等,2018);加征关税对中美双方GDP增长和居民福利都将造成不利影响(郭晴等,2019)。

也有部分外文文献分析了中美贸易摩擦的福利效应,Liu等(2017)发现,美国对进口征收很高的关税,将会给国际贸易带来灾难性影响;Dixon(2017)通过模拟美国对中国加征45%税的影响,发现全球贸易将会因此减少1/3,并且中国和美国的GDP都将会下降;Saiful和Alim(2018)通过模拟美国对中国单方面加征关税的影响,发现中国和美国的国民生产总值将会分别减少4.1%和0.92%。对于中美贸易摩擦的后果,大部分学者得到同样的结论,即中美贸易摩擦不利于中国和美国的发展。

其次,还有部分学者从全球价值链的视角展开研究,分析了中美贸易摩擦对中国贸易增加值、全球价值链分工地位、全球价值链嵌入度等的影响与作用。王孝松等(2017)根据贸易流量的分解,把总贸易区分为总产品、最终品和中间品出口,定量分析了反倾销对中国参与全球价值链的效应,认为当中国遭遇反倾销时,"直接效应"会使中间品和产品出口同比例下降。如果伴随"连带效应、报复效应和选择效应"中的其一,发生中间品进口的下降幅度将会大于产品出口的下降幅度,实证分析得到国外反倾销措施可抑制中国全球价值链及其地位上升的结论。大多数的研究都具有同样的结论,贸易摩擦除上述效应会影响全球价值链外,还有通过影响商品的国内和跨境的反复流动而提高贸易成本(Baldwin,2008;Hufbauer等2013),这不仅对全球价值链带来影响,也会使企业的劳动生产率下降(Chandra和Long,2013)。反倾销措施还会对经济系统产生一定的影响,例如美国对越南鲇鱼的反倾销会导致工作者的收入水平降低甚至失去工作(Brambilla等,2012),上游产业的反倾销行为会对下游企业的反倾销行为产生影响(Hoekman,1992)。随后有些研究者为这一结论找到了初步证据(Feinberg和Kaplan,1993),但也有案例研究表明,反倾销并未对进口产生明显的抑制作用(Bown和Mcculloch,2012)。

还有另一部分学者从出口质量的视角展开研究,分析了中美贸易摩擦对出口质量及其他出口动态的影响与作用。诸多文献表明贸易摩擦将减少贸易双边国家的贸易往来(Ganguli,2008;Park,2009;Bown,2010;Chandra,2014)。美国对华反倾销措施增加了受影响企业销至美国的非倾销产品出口额和出口量,存在出口产品种类的溢出效应(龙小宁等,2018)。随着世界范围内的关税波动,非关税壁垒和贸易自由化成为国际贸易领域的重点和热点问题(Goldberg和Pavcnik,2016)。例如,由于关税、配额和其他贸易救济等诸多贸易保护主义政策的存在,经济合作与发展组织(OECD)中的国家从非洲进口的规模显著降低(Lemi,2006),美国的贸易壁垒对中国的出口会产生"提前出口"预期效应和"抑制出口"持续效应(王开和佟家栋,2020)。进口关税的下降会提高本国和贸易伙伴国的出口质量(Amiti 和 Khandelwal,2013;Bas 和 Strauss - Kahn,2015;Feng 等,2016;Fan 等,2015)。非关税壁垒对企业定价行为和产品出口范围等均有一定影响(Kao 和 Peng,2016;Lu 等,2018),当存在关税壁垒和非关税壁垒时,高质量发展的企业可进一步提高价格,低质量的企业有可能退出市场,从而提高企业的出口质量(赵文霞和刘洪愧,2020)。中国企业在遭遇以反倾销为代表的贸易摩擦后,会对企业的出口行为带来一定的冲击作用,以此来提高出口质量,并且出口产品质量和企业生产率越低、替代弹性越大,其作用越大(高新月和鲍晓华,2020)。

(三)企业异质性贸易理论

国际贸易理论经过长足的发展,从古典经济学时期开始,至今可大致分为以下几个阶段:第一阶段是18世纪中叶以重商主义①为代表的古典国际贸易理论,其中还包括重农学派②、绝对优势理论③、比较优势理论④、保护贸易理论⑤和相互需求理论⑥等其他贸易理论;第二阶段是19世纪末20世纪初以要素禀赋理论⑦为代表的新古典国际贸易理论,其中还包括里昂惕夫悖论⑧等其他贸易理论;第三阶段是20世纪七八十年代以产业内贸易理论为代表的新贸易理论,其中还包括新生产要素理论⑨、偏好相似理

---

① 托马斯·孟.英国得自对外贸易的财富[M].袁南宇,译.北京:商务印书馆,1965.

② 弗朗索瓦·魁奈.经济表[M].晏智杰,译.北京:华夏出版社,2006.

③ 亚当·斯密.国富论(下卷)[M].郭大力,王亚南,译.北京:商务印书馆,2014.

④ 彼罗·斯拉法.李嘉图著作和通信集:政治经济学及赋税原理[M].郭大力,王亚南,译.北京:商务印书馆,1962.

⑤ 弗里德里希·李斯特.汉译世界学术名著丛书:政治经济学的国民体系[M].陈万煦,译.北京:商务印书馆,1961.

⑥ 约翰·穆勒.政治经济学原理及其在社会哲学上的若干应用:珍藏本(上卷)[M].胡企林,朱泱,译.北京:商务印书馆,2009.

⑦ 伯特尔·俄林.区际贸易与国际贸易[M].逯宇铎,译.北京:华夏出版社,2008.

⑧ LEONTIEF, WASSILY, Factor proportions and the structure of american trade:further theoretical and empirical analysis[J]. The Review of Economics and Statistics, 1956, 38(4):386-407.

⑨ SCHULTZ, THEODORE W. Investment in human capital[J]. The American Economic Review, 1961, 51(1):1-17.

MASKUS, KEITH E. A test of the heckscher - ohlin - vanek theorem:the leontief commonplace[J]. Journal of International Economics, 1985, 19:201-212.

VERNON, RAYMOND, International investment and international trade in the product cycle, international economic policies and their theoretical foundations[M]. New York:Academic Press, 1992.

论①、动态贸易理论②、国家竞争优势理论等其他贸易理论③；第四阶段是 20 世纪 80 年代以引入专业化和交易费用，并使用超边际分析法将古典经济学中的分工思想形式化，对各种宏微观经济现象做出解释的新兴古典贸易理论；第五阶段是 21 世纪初以企业异质性贸易理论和企业内生边界理论为代表的新新贸易理论。

1. 异质性贸易理论的基础框架

20 世纪末，随着企业层面的微观数据可获得性的提高，国际贸易领域内的实证研究获得了更进一步的发展。一系列的特征事实难以用以往国际贸易理论来解释，例如在任意一个行业或部门内，企业之间的生产率呈现差异化，并且生产率越高的企业越容易参与出口贸易，贸易自由化会导致低生产率的企业退出市场等（Clerides，1998；Bernard 和 Jensen，1999；Pavcnik，2002）。基于以上经济现象，Melitz（2003）构建了一个包含异质性企业的动态产业垄断竞争一般均衡模型来进行分析。Melitz（2003）建立了一个具有异质性企业的动态产业模型，分析了国际贸易对产业内企业间资源分配的催化作用，显示了贸易风险是如何迫使生产率最低的企业退出的同时，只诱使生产率更高的企业出口的。低生产率企业的退出和高生产率企业获得的额外出口销售额都将市场份额重新分配给高生产率企业，这样有助于总生产力的提高，利润也被重新分配给高生产率企业。Hopenhayn（1992）从不确定初始生产率和未来生产率的初始相同企业的利润最大化决策中，得出了企业生产率的均衡分配；Melitz（2003）将其模型应用于一般均衡设置下的垄断竞争行业中，并把企业生产率异质性嵌入克鲁格曼的垄断竞争和收益递增的贸易模型中，提供了一个可以合并企业异质性但仍然高度易处理的一般均衡模型。

新贸易理论模型假设，当一个企业在进入一个行业时，首先需要支付进入成本，进入后根据自身的生产率水平选择是否参与出口贸易，如果选择出口需要支付一定的固定出口成本和运输产生的"冰山成本"。其基本逻辑思路为，由于企业异质性的存在，国际间的贸易会造成市场份额在产业内、企业间进行重新分配，生产率高的企业将获得更多的市场份额，而生产率低的企业将被迫退出市场，从而提高整个行业的生产率。和垄断竞争模型相比，异质性模型采用的需求函数、供给函数和垄断竞争模型基本类似，可从以下几个方面来分析模型的理论框架。

①　LINDER, STAFFAN BURENSTAM. An essay on trade and transformation[M]. Stockholm：Almqvist & Wiksell, 1961.

②　HUFBAUER, GARY CLYDE, JEFFREY J, et al. Economic sanctions reconsidered：history and current policy[J]. Business Horizons. 1986,5：84-85.

VERNON, RAYMOND. Comprehensive model – building in the planning process：the case of the less – developed economies[J]. The Economic Journal, 1966, 76(301)：57-69.

③　PORTER, MICHAEL E. Competitive advantage of nations[M]. New York：Free Press,1990.

2. 异质性贸易理论基础框架下的扩展

传统李嘉图模型是假设完全竞争的市场结构,规模报酬不变,产品同质,以及不存在企业生产率的异质性①。在 20 世纪末 21 世纪初这一时期,有关企业生产率等差异的特征事实,不断在宏观和微观经济中出现,原有的国际贸易理论越来越难以解释这些经济现象。有些文献把企业异质性嵌入李嘉图模型的框架下,尝试通过扩展的理论模型来解释宏观层面和微观层面的经济现象,Bernard 等(2003)的研究是这类文献中最具代表性的研究。在此之前的国际贸易理论对生产者层面的事实只有很弱的说服力,而且在许多情况下与事实不符。实证研究下的贸易理论的目的是根据关于诸如贸易和工业特殊化的因素、内容等专题的现有理论综合形成证据。然而,要理解贸易对工厂关闭等微观问题的影响,就需要一种能够认识到行业内单个生产者之间差异的理论。因此,Bernard 等(2003)在李嘉图模型的基础之上融入了企业异质性这一要素,建立了新的国际贸易模型来解释生产者层面发生的事实。在这一模型中引入了三个关键要素:

第一,是企业的异质性,即企业之间存在的生产率差异等是异质而非同质,引入不同生产国和国家之间技术效率产生的李嘉图差异;

第二,出口企业和只在国内销售(不出口)的企业并存,把"冰山"假设引入出口成本;

第三,为了使技术效率的差异不被产出价格的差异完全吸收,假定市场结构不是完全竞争的,Krugman(1979)对国际贸易垄断竞争模型的扩展考虑到了异质性和地理障碍,但这种方法出现了一种与事实相反的情况,即每个生产商都在各地出口。

在 Bernard 等(2003)的理论模型中,一家工厂只有在面对全球竞争对手时,其成本优势克服了地理障碍后才会出口。关于其他解释出口绩效中生产者异质性的尝试,强调了出口的固定成本(Roberts 和 Tybout,1997)。

Eaton 和 Kortum(2002)扩展了 Dornbusch 等(1977)的李嘉图模型,将不完全竞争引入 Eaton 和 Kortum(2002)的比较优势概率公式中。Bernard 等(2003)在 Eaton 和 Kortum(2002)的模型基础上引入了伯川德寡头市场结构和企业生产率的异质性,并假设异质性企业的生产率由弗雷歇分布随机决定,而且厂商的加成率会随着消费者对需求价格的弹性变化而被作出相应调整。Bernard 等(2003)理论模型的核心是将在生产率、规模和出口参与方面观察到的方差和协方差与单一生产者水平的技术效率特征联系起来。只要一个国家的所有生产者以相同成本、以相同的比例雇佣投入,在不变的规模回报和完全竞争或具有共同的加价的垄断竞争下,

---

① 钱学锋. 企业层面的贸易理论与经验分析[M]. 北京:北京大学出版社,2020.

尽管有很多效率差异,但是它们都将表现出同等的生产力。效率更高的生产者往往比最接近它们的竞争对手有更大的成本优势,它们能设定更高的加成率,并显得更有生产力。与此同时,更有效率的生产者也可能拥有更有效率的竞争对手,从而降低价格,并在有弹性需求的情况下销售更多产品。

Bernard 等(2007)的模型在两部门模型的需求下假设消费者的效用函数保持CES 函数形式,供给方需要考虑一国的要素禀赋,并假设生产需要的技术性劳动和非技术性劳动,这两种生产要素在不同部门产生的耗费要素比例是不同的。Chaney(2008)基于 Melitz(2003)的模型,在需求方面增加一个部门,该部门雇佣劳动力生产同质产品,经研究发现,一国的生产者在将产品出口至另一国时,如果生产率低于一定的生产率门槛,将没有利润。Melitz 和 Ottaviano(2008)的研究发现,市场规模和贸易会影响其激烈程度和异质企业的市场决策,该模型放松了 Melitz(2003)模型中关于效用函数的假定要求,讨论了行业内重新配置效应,同时引入低成本加成变量。Helpman 等(2004)考虑了建立海外分公司的决策,即企业是以出口的形式还是以外商直接投资的形式来体现国际化,其认为企业在选择决策时,会遇到五种成本。企业选择出口还是外商直接投资由企业根据其生产率预先决定,生产率最低的企业在考察了其生产率后直接退出行业,生产率高于国内行业低于国际市场的企业,选择在国内进行销售,生产率高于国际市场生产率低于国际直接投资生产率的企业选择出口,只有生产率高于国际直接投资生产率的企业选择占领国内市场及向海外直接投资。Helpman 等(2008)发现很多国家不进行双边贸易、单边贸易和不进行贸易的比例很大。

3. 企业内生边界理论

由于企业生产组织趋向全球化,且生产垂直型分工和对外投资的加速发展,跨国公司和投入品贸易扩张生产分割明显,企业生产分割和外包越来越多,因此工资福利、产出需求波动和企业专业化技能的可获得性是影响外包的主要因素(Abraham 和 Taylor,1996)。实现世界市场一体化的同时,企业反一体化和分割趋势却在加强,并且越来越多的企业在国内外外包生产(Feenstra,1998)。企业在全球范围内生产和贸易不断加强,但又有很多企业没有在全球组织生产,甚至通过一体化和内部化生产的方法降低成本,传统贸易理论和新贸易理论都无法很好地解释这些事实特征。

在国际化发展进程中企业具有两个选择,一是选择进入国际市场或继续做一个本土企业,二是以什么样的方式进入国际市场,是选择出口还是对外投资。企业内生边界模型可以以单个企业组织选择为切入点,将企业理论和国际贸易理论融入统一的框架下。企业内生边界模型的基础理论来源于 Coase(1937)、Williamson(1985)的交易成本理论及 Grossman 和 Hart(1986)的产权分析法,提出了关于企业边界的不完全契约产权模型。Antràs(2003)强调资本密集度和剩余索取权的配置在企业国际化决策中的作用,一个在企业内生边界生产中间投入品的企业可以选择在本国或国外生产,在本国生产则属于垂直一体化生产,在外国生产就是对外投资和公司内贸易;如果在本国购买投入品就是国内外包,在外国购入投买品就是国外外包。

二、出口国内增加值率的核算及影响因素

(一)出口国内增加值率的核算方法

生产要素的自由流动加速了全球生产网络的形成,在世界各国或地区海关的统计下,中间品面临较大的重复计算问题,使得中间品贸易的真实情况无法通过数据反映出来(马丹和许建华,2020)。

1. Hummels 等的方法

随着 20 世纪后半个世纪国际贸易的急剧增长,在横跨许多国家的垂直贸易链中,它们的生产联系日益加强,每个国家或地区都处于专门从事某一商品生产的特定阶段。有些研究仅限于单个产品的案例研究(Feenstra,1998)。Hummels 等(1998,2001)提出了"垂直专业化"(VS)的概念,强调进口的投入被用来生产一个国家的出口商品,一种商品的生产至少涉及两个国家,跨越两个国际边界。衡量包含在出口商品中的进口投入价值,此方法简称 HIY。HIY 法假定出口产品为最终品,这与全球价值链分工的现状不符(文东伟,2017),Yi(2003,2010)从多阶段生产视角拓展了该理论模型,发现多阶段生产可以提高产品的跨国流动,使国际贸易得到快速发展。

除此之外,还有部分学者研究了契约摩擦和产权对全球价值链和国际专业化生产分工组织模式的影响(Antras 和 Chor,2013;Antras,2014;Alfaro 等,2019)。Johnson 和 Noguera(2012)放松了 HIY 的假定条件并提出贸易增加值的概念,强调其他国家来自本国创造的增加值,但此方法的缺陷是没有考虑在一国中间产品出口时包含的增加值和重复计算的出口增加值。北京大学中国经济研究中心课题组(2006)基于 HIY 法测算了中国对美国出口贸易中的垂直专业化程度,发现在1992—2003 年中,垂直专业化的价值比率从 14.77% 上升至 22.94%。童伟伟和张建民(2013)研究了中国对美国的出口国内增加值率,发现出口国内增加值率在波动中呈下降趋势。

2. Koopman 等的方法

在与出口加工贸易下生产的产品相比,由于国内消费和正常出口的产品的生产技术和投入来源不同,Koopman 等(2008)基于 HIY 法提出了一种新方法,即在加工贸易普遍存在的情况下,用于计算一个国家或地区在出口产品中国内和国外

的增加值,在这种方法下,HIY 法是通用公式的一个特例。Koopman 利用 1997 年、2002 年和 2007 年的数据测算了中国的出口国内增加值率。在中国加入世贸组织之前的 1997—2002 年,中国制造业出口外国增加值所占的份额约为 50%,几乎是 HIY 法测算结果的两倍,而在中国加入世界贸易组织的 5 年后,这一比例在 2007 年已升至 60% 以上,但在不同领域中也存在较大的差异。一些技术含量高的行业或产品,如电脑、电信设备和电子设备,其出口国内增加值率含量很低,甚至低于 30%。

Koopman 等(2010)提供了一个按来源将一国出口总额分解为增值部分的概念框架和一个关于增值贸易的新双边数据库,从 5 个方面展开对其进行系统性分析。

第一,将一个国家的出口分解为 5 种广泛的增值成分,垂直专业化的两个原始度量和增值贸易的更新度量都是线性组合的组成部分,将每个国家的出口总额完全分解为增值部分,在贸易增值衡量和官方贸易统计之间建立一种正式和精确的关系。

第二,强调增加值贸易是一个国家产生的但被另一个国家吸收的价值,而出口的国内产品只取决于价值在哪里产生,而不是在哪里和如何使用这些价值。

第三,通过对出口总值的增加值分解,构建一个定量指标来评估一个国家的特定部门是否可能位于全球生产链的上游或下游。

第四,利用最终用途分类来估计双边贸易中的中间产品,而不是假设中间产品和最终产品的进口与总量相同比例的方法。

第五,分析了框架和数据库的一些应用,以说明它们有可能重塑对全球贸易的理解,例如如果使用官方贸易数据来计算,那么商业服务部门对印度来说就是一个比较具有优势的部门,如果把增加值用于出口,该部门就会成为印度具有比较劣势的部门。

Koopman 等(2014)克服了这类方法的缺陷并将其纳入一个分析框架中,总结了传统核算方法的缺陷对贸易失衡可能带来的影响。王直等(2015)在 Koopman 和 Powers(2010)的基础之上,将一国总国际贸易流量分解法扩展到部门、双边和双边部门,把国际贸易流分解为增加值出口、返回的国内增加值、国外增加值和纯重复计算中间品贸易等,建立了一个比较系统化且完善的框架。但这几种方法都具有一定的缺陷,缺乏一定的微观基础。

在区域层面的测算上,国内诸多学者对此进行了研究。倪红福和夏杰长(2016)通过把中国区域投入产出表嵌入全球投入产出表的拓展增加值出口和总出口增加值分解方法中,对 1997 年、2002 年和 2007 年中国各区域在全球价值链中的作用及其变化进行了实证分析,研究表明中国各区域的增加值贸易存在较大差异。传统的贸易核算方法高估了贸易顺差,内陆区域向沿海区域提供中间品从而提高了贸易增加值。潘文卿和李根强(2018)拓展了 Wang 等(2013)和 Koopman 等(2014)的增加值分解方法,研究表明在参与价值链收益上,国家价值链高于全球价值链,内陆区域的国家价值链收益高于沿海地区,但全球价值链收益低于沿海地区。

Hummels 等(2001)在研究垂直专业化时,提出了两个关键的假设条件:一是假设加工贸易和非加工贸易的生产投入方式是相同的;二是用于国内生产的进口品价值完全来自国外,本国出口的产品价值完全被国外消费没有回流到国内。苏庆义(2016)的研究尝试放松上述第二个假设的要求,即考虑进口品中回流的国内增加值,在全球价值链的基础上考虑国内价值链,并在 Koopman 等(2014)的基础上首次构建一国内部地区出口增加值的分解框架。

苏庆义(2016)的方法并没有对中国出口所引致的各省完全出口国内增加值率做直接和间接增加值效应的区分,也没有进一步按省内和省际生产网络对各省出口国内增加值率的实现渠道做区分。谢锐等(2021)将省级层面的出口国内增加值率分解为直接和间接引致两部分,并按省内和省际生产网络对实现渠道进行区分,应用结构分解分析方法来考察出口国内增加值率的变化机制。

研究表明,传统的贸易增加值测算方法往往会高估沿海地区对外贸易收益,而低估内陆地区对外贸易收益。内陆地区的对外贸易规模较小,但出口国内增加值率的增长速度较高,通过向沿海地区提供中间品的方式提高贸易增加值,地区的贸易增加值由部门投入结构变化和出口规模的增长来驱动。

3. Upward 等的方法

以上有关出口的国内增加值率的核算方法的测算侧重于宏观层面的研究,还没有对微观层面出口国内增加值率的测算,Upward 等(2013)在 HIY 法基础上进行了修改,使用中国海关数据库和工业企业数据库的匹配数据,考虑企业加工贸易的作用,从微观层面测算了企业的出口国内增加值率。在过去的 20 多年里,全球生产日益分散精细化,出口企业和公司减少了对来自国内投入的依赖,很多研究者发现大多数国家的出口国内增加值率都在下降。例如,Johnson 和 Noguera(2014)使用 GTAP 投入产出表测算了 1970—2009 年的出口国内增加值率,结果发现除韩国和印度尼西亚外,在样本期内所有国家的出口国内增加值率均呈下降趋势。国内出口增加值率的上升或下降反映了一国或地区的出口产品构成发生了变化,如果上升则说明比较具有优势,已转向国内出口附加值高的行业。使用投入产出表研究出口国内增加值率的优点可以获得部门或行业与国家之间的投入产出联系,但企业异质性的存在可能会使国内出口增加值率的估算产生聚类偏差。

4. Kee 和 Tang 的方法

Kee 和 Tang(2016)使用中国工业企业数据库和海关数据库的匹配数据,构建企业、行业和国家出口国内增加值率,测算 2000—2007 年中国企业的出口国内附加值并研究其演变。研究发现,个体加工出口商在数量和种类上以国内中间品替代进口中间品,提升了中国企业的出口国内增加值率,但工资上涨导致了生产成本上升、中国向高出口国内增加值率行业出口产品构成的变化和不同出口国内增加值率企业的变动,这些都不能解释在样本期内出口国内增加值率的上升趋势;这种替代效应表明中国减少了对进口的依赖,中间品投入部门将更具竞争力,中国在向价值链上游移动时会对世界贸易和全球经济产生重大影响。21 世纪初,国内中间品对进口中间品的替代是由贸易自由化和外商直接投资引起的,贸易自由化的提升和外商直接投资的增加使中国国内中间品种类数量得到迅速提升①。

(二)出口国内增加值率的影响因素

互联网化是指企业基于互联网的技术和流程中更多的应用、扩散和部署(Abouzeedan 和 Busler,2007;Etemad 等,2010),企业互联网化有助于优化企业生产布局、提高工作和生产效率。互联网可以对企业的产品研发和外部协调的效率有很大的提升(Litan 和 Rivlin,2001),能够加强企业组织和财务能力,提高绩效(Liang 等,2010)。互联网的普及有利于降低企业进入的成本,促进出口贸易(Choi,2010),贸易成本广泛存在,而搜寻成本和交流成本是最重要的两种形式,互联网可以以此来促进贸易发展(Anderson 和 Wincoop,2004)。Blum 和 Goldfarb(2006)证明了搜寻成本的存在性,Hellmazikhe 和 Schmitz(2015)则将双边互联网纳入贸易成本,考察了互联网影响出口贸易的集约边际效应。互联网化的快速发展提高了跨国企业的文化输出,改变了国际分工的价值分配并重塑了生产网络的组织结构(Foster 和 Graham,2017)。以数字化为代表的互联网可以成为全球价值链升级的驱动力,有利于世界经济中的国家贸易成员国参与高附加值的生产,从而提高产品复杂度(Karishma,2019),部分数字技术可以帮助企业进行知识密集型生产活动,同时也增强了参与价值链分工的意愿(Szalavetz,2019)。国内的部分学者也讨论了互联网对出口贸易的影响,沈国兵和袁征宇(2020)基于扩展的 Melitz 模型研究了互联网化对中国企业出口国内增加值率的影响,研究表明企业互联网化会通过提高国内中间投入使用来提升企业出口国内增加值率。互联网的发展可以降低企业的出口成本,进而促进出口贸易(施炳展,2016),电子商务平台可通过提高生产效率、交易匹配效率等促进出口(岳云嵩和李兵,2018)。

贸易自由化指某一国家或地区对来自外国的商品或服务,进口限制越来越小,大部分的国际贸易协定组织,比如国际贸易组织、区域全面经济伙伴关系协定等均以贸易自由化为主要宗旨,其理论基础来源于比较优势理论,很多文献采取最终品

---

① 就整个加工部门和该部门的大部分行业而言,进口中间品和国内中间品是相互替代品,估计替代弹性在 1.9～6.6 范围内,这种较大的弹性很好地解释了国内中间品价格的降低会提高企业的出口国内增加值率。

关税与中间品关税指标来衡量测度贸易自由化指标（Amiti 和 Konings，2007；Topalova 和 Khandelwal，2011；毛其淋和盛斌，2013；毛其淋和许家云，2019；田巍和余淼杰，2014；余淼杰和袁东，2016）。魏悦羚和张洪胜（2019）基于国家 - 部门层面出口的分解，研究了进口自由化对出口国内增加值率的影响，结果表明，降低进口关税尤其是中间品和原材料关税有助于提高出口国内增加值率，影响机制主要是通过提高中间品质量而非数量和提高国内要素比重来完成的。

贸易自由化会给贸易参与国带来诸多益处，例如将会获得更多种类且低价的商品（Goldberg 等，2010），关税下降会增加就业量和产出、扩大投资、提高经济总量（樊勇等，2017），中间品贸易自由化可以缓解上游垄断对下游企业出口国内增加值率的抑制作用（李胜旗等，2017），也可以显著增加出口技术复杂度和提升出口产品质量（盛斌和毛其淋，2017；林正静，2019），进口贸易自由化对出口国内增加值率的正面影响大于负面影响（彭冬冬和杜运苏，2016）。"进口引致出口"是出口增长的重要驱动因素，进口自由化能够扩大出口规模（张杰等，2014），但进口中间品质量的提升也有可能降低企业的出口增加值率（诸竹君等，2018），刘斌等（2018）研究了贸易便利化对出口返回增加值的微观机制，发现贸易便利化是提升返回增加值的主要驱动力。

本国的劳动力、原材料和中间品是出口国内增加值率的核心组成部分，外商直接投资流入显著提升了中国企业出口国内增加值率（张杰等，2013），外商直接投资可提高人力资本水平从而提高产品的国内增加值（Feenstra 和 Hanson，1997）。外商直接投资往往会产生技术溢出效应，从而提高了企业的技术创新能力和生产率水平，使企业的出口国内增加值率也得到提升。

李小帆和马弘（2019）研究了服务业外商直接投资管制对出口国内增加值率的影响，研究发现，对服务业外商直接投资的管制会使企业更倾向于进口国外的一般服务中间品和高密集度服务中间品，从而产生直接替代效应和间接替代效应，降低了出口国内增加值率。服务业外商直接投资与服务贸易的方式存在互补性，对服务业外商直接投资的管制会抑制服务产品的贸易（Francois 和 Hoekman，2010），对服务业的管制也会影响下游制造业对国外服务产品的需求（Marel，2012），对非制造业的管制会降低下游制造业的生产率（Bourles 等，2013）。

金融危机可能造成全球贸易和外商直接投资严重萎缩，金融因素对企业出口行为的影响较大，诸多学者研究了融资约束对企业出口的影响。融资约束使融资能力较差的行业大幅度降低了金融危机期间对美国的出口（Chor 和 Manova，2012），外部融资约束较高的企业难以支付固定成本，出口的概率也会大大降低（Manova，2008），Feenstra 等（2014）通过企业的财务信息和借贷成本构建了企业融资指数，发现融资约束会降低企业出口，融资能力差的企业往往选择加工贸易出口

(Manova 和 Yu,2016)。

融资约束小并主要从事加工贸易的企业更容易参与全球价值链攀升(马述忠等,2017),全球价值链视角下融资约束会促进增加值贸易的集约边际,但会抑制增加值贸易的扩展边际(吕越,2017)。张盼盼和陈建国(2019)研究发现,融资约束通过抑制技术创新和成本加成率抑制了企业出口国内增加值率,张盼盼等(2020)的进一步研究表明,加工贸易、低生产率和东部省份企业融资约束对出口国内增加值率的抑制效应更大,金融市场化中的利率市场化能够缓解这一效应而影子银行扩张则加重了这一效应。

除互联网化、贸易自由化、外商直接投资和融资约束影响外,诸如市场分割、制造业服务化等因素也受到部分学者的关注。在市场分割方面,虽然各地区市场化和专业化程度不断提高,但受到地方保护的作用,市场分割依然存在,甚至在部分地区出现与周边地区交易的成本高于国际贸易,这时企业就会更多地选择进行国际贸易替代国内贸易,这样就会减少对国内中间品的使用,从而增加国外中间品的使用。吕越等(2018)通过实证研究发现,国内不同地区间的市场分割抑制了企业的出口国内增加值率(吕越等,2018)。在全球价值链分工越来越精细化的大背景下,企业的出口国内增加值率越来越成为判断企业获得真实贸易利益的标准,制造业投入服务化能够提高企业的要素供给质量,降低成本提高生产率,通过生产率的影响又可以对企业的出口带来一定影响,许和连等(2017)研究发现,制造业投入服务化对企业的出口国内增加值率具有一定的促进作用。

三、贸易摩擦对企业的影响效应

(一)贸易摩擦对企业生产率的影响

在开放经济中,一国的企业生产率水平在一定程度上是一国企业国际竞争力的重要体现,关于贸易摩擦对企业生产率的研究已得到较为丰硕的成果。有些研究发现,贸易摩擦可以为实施贸易摩擦国带来一定的利益。Koings 和 Vandenbussche(2008)研究发现,受反倾销保护的企业的生产率虽然有部分提高,但仍低于没有受到反倾销保护的企业的生产率;Pierce(2011)研究发现,基于收入测算的生产率由于没有剔除价格因素,因此导致高估了生产率的提升效应;Gormsen(2011)发现贸易摩擦发起国在短时间内其国内的竞争力和消费者福利均会降低,但长期则可以吸引新的企业加入培育新企业新行业;Koings 和 Vandenbussche(2013)使用法国的微观企业数据库研究反倾销保护对法国企业出口和生产率的影响作用进行研究,发现反倾销虽然刺激了出口但却降低了企业生产率;Trefler(2014)研究发现,美国降低对北美自贸区的贸易壁垒,加拿大企业的劳动生产率得到提高。有关中国的研究中,Li 和 Whalley(2015)以中国遭遇反倾销企业为研究对象,发现企业遭遇反倾销会降低企业的出口额、职工人员数和利润,但提高了劳动生产率;Lu 等(2013)使用海量微观数据库研究发现,美国对中国发起反倾销后对企业市场具有显著的贸易抑制效应,外延边际减少,低生产率企业退出市场的概率更大;Chandra 和 Long(2013)以美国遭遇反倾销调查和中国被征收反倾销税的企业为研究对象,发现中国的企业生产率将会下降12%以上,可能的原因是贸易壁垒导致企业规模萎缩;谢申祥和王晓松(2013)的研究发现,贸易摩擦可能会使本国企业退出国外的市场,外国市场中的企业可能会加大研发力度降低产品的生产价格,进而提高福利;王孝松等(2014)研究了反倾销贸易壁垒对出口二元边际的影响,发现反倾销贸易壁垒抑制了中国出口增长的内涵边际和外延边际,并且外延边际受到的抑制作用更加明显;苏振东等(2012)研究了反倾销对企业绩效的影响,发现对外发起反倾销调查对企业绩效影响并不明显;苏振东和邵莹(2014)进一步研究发现,反倾销降低了受保护企业的生存率,并对比了反倾销税和关税两种贸易摩擦带来的不同影响结论是什么;Dinlersoz 和 Dogan(2010)发现关税下国内进口产品价格高于自由贸易下的价格,而国外产品价格和自由贸易价格相同,反倾销税下国内进口价格高于自由贸易时的价格,国外产品价格低于自由贸易下的价格。也有学者认为贸易摩擦对企业带来的影响具有不确定性。Kao 和 Peng(2016)发现当贸易伙伴国发生双边贸易摩擦时,对企业的研发投入存在不同的影响,这种影响可能是正向的也可能是负向的。

(二)贸易摩擦对企业出口动态的影响

贸易摩擦会对出口质量带来一定的影响,谢建国和章素珍(2017)研究了反倾销对出口质量的影响,发现美国反倾销调查对中国的出口产品质量存在负向影响,但也有一些文献认为反倾销调查对中国的出口产品质量存在正向的积极作用(高新月和鲍晓华,2020)。贸易摩擦会对出口额和出口量造成一定的影响,当中国的企业遭遇反倾销时,出口将会受到最为直接的影响,大量文献已经证实反倾销会使企业被迫退出市场,降低新企业数量和出口额,抑制中国的出口(蒋为和孙浦阳,2016;罗胜强和鲍晓华,2018),还会产生贸易转移偏转效应(沈国兵,2008;龙小宁等,2018);龙小宁等(2020)研究发现,美国对中国反倾销措施增加了中国出口美国非倾销产品的出口额和出口量,存在一定的种类益处效应;Lemi(2016)发现关税和贸易救济等贸易保护措施降低了 OECD 国家从非洲的进口规模;Henn 和 McDonald(2014)发现贸易保护壁垒对全球贸易都存在负面效应,发达国家出台的贸易保护措施的负面影响大于发展中国家;贸易摩擦会对技术带来一定的影响,奚俊芳和陈波(2014)通过将全要素生产率分解为技术进步和技术效率两个部分,研究发现对华反倾销调查的正向效应主要来自技术效率;Miyagiwa 和 Ohno(1995)研究发现反倾销保护可以提高国内企业市场份额,增加企业的研发投入,加快技术吸收和创新提高技术复杂度,相反,对华反倾销降低国内企业市场份额,市场竞争度提高、利润降低、研发能力下降,降低了出口技术复杂度;杨连星等(2017)研究发现,国外对华反倾销抑制了出口技术复杂度,对高技术复杂度行业和技术密集型行业的抑制作用更为明显;Gao 和 Miyagiwa(2005)使用相互倾销模型分析对企业创新的影响,发现单边反倾销和双边反倾销均可使企业增加研发投入;Miyagiwa 等(2016)使用相互倾销模型分析了韩国和朝鲜之间的反倾销行为,发现双边反倾销会使韩国和朝鲜两国的研发和利润同时减少,若韩国市场足够小,则反倾销会使朝鲜加大研发力度;也有部分学者考察了贸易摩擦对出口产品的异质性作用;王小梅等(2014)研究发现,贸易保护措施对中国的出库贸易产生显著负面影响,但国家对企业援助等隐形保护措施的负向作用更大;陈龙江和王梅(2018)得到相似结果;彭冬冬和罗明津(2018)研究发现,中国的外资企业受贸易壁垒的负面影响相对更大。

四、简要评述

为了深入全面地考察贸易摩擦对企业出口国内增加值率的影响,本书从理论基础,包括贸易摩擦的理论根源、贸易摩擦的经济效应和企业异质性贸易理论,出口国内增加值率的核算及影响因素和贸易摩擦对企业的影响效应等多方面多维度对相关文献进行梳理,可以得到以下结论。

(一)贸易摩擦的相关理论

本节分析贸易摩擦的相关研究,首先讨论了贸易摩擦的理论来源,主要从重商主义理论、幼稚工业保护理论和战略性贸易政策理论三个方面展开分析;接着是对贸易摩擦的经济分析,从微观和宏观两个层面展开论述,并讨论了中美贸易摩擦的经济效应。自2018年美国单方面开展"301调查"以来,中美贸易争端进入一个全新的阶段,国内外诸多学者研究了新阶段下中美贸易摩擦的经济效应。大部门学者的研究结论保持一致,即中美贸易摩擦对中国和美国均会产生不利的影响,阻碍经济发展并降低两国福利。具体来看,中美贸易摩擦确实会给双方带来损害,并且中国受到的损害会更大,中国的福利损失高于美国,而美国就业下降的百分比高于中国。当美国单方面提高进口中间品关税时,会降低其福利水平,加征关税对中美双方国民生产总值增长和居民福利都会造成不利影响。随着国际贸易理论的不断发展,企业异质性贸易理论的出现和中国微观企业层面数据的可获得性不断提高。比如,中国工业企业数据库和海关数据库记录了企业的详细财务和出口等方面的详细信息,并且可以匹配二者,从而进行更加详细深入的实证研究。有关贸易摩擦的研究开始深入企业层面,比如贸易摩擦对企业生产率、企业出口质量和企业出口边际带来的影响。企业异质性贸易理论蕴含了丰富的政策内涵,不仅证明了贸易对一国及其产业发展的好处,也说明了自由贸易对一国的负面影响。但异质性企业贸易理论也具有一定的局限性,有待引入除生产率、生产规模和组织结构外的其他方面,比如跨国经营方式、企业战略和市场定位等。

（二）出口国内增加值率的测算方法

目前有关出口国内增加值率的测算方法主要分为两类:一是基于宏观层面的测算;二是基于微观层面的测算。宏观层面的测算一般是用国际、国家、地区或行业层面的核算方法和数据进行测算,世界投入产出表记录了世界主要国家的各大部门的投入产出信息,很多学者用世界投入产出表计算一个国家的贸易增加值,贸易增加值可分为国内增加值和国外增加值两部分;微观层面的测算主要是用企业层面的核算方法和数据进行测算,对于中国来说,主要是使用中国工业企业数据库和海关数据库的匹配数据。对比两种测算方法,宏观层面的测算比微观层面的测算方法更加成熟,当前的研究多数是基于宏观层面的研究,而基于微观层面的测算相对较少,造成这种现象的原因可能是微观层面数据的可获得性有限及数据质量偏低。目前,中国微观层面出口国内增加值率的测算主要是对不同贸易方式的出口国内增加值率的测算,这一研究视角单一,为后续的研究和创新留有一定空间。

（三）出口国内增加值率的影响因素

目前,国内外有关出口国内增加值率的影响因素实证和理论研究的文献较多,不仅有微观层面的影响因素,还有宏观层面的影响因素。宏观层面的影响因素包括互联网的发展可以降低企业的出口成本,进而促进出口贸易;电子商务平台可通过提高生产效率和交易匹配效率等促进出口,企业互联网化会通过提高国内中间投入使用来提升企业出口国内增加值率;贸易自由化可以使国内企业获得价格更低、种类更多的产品,国内企业的生产范围将会扩大,关税下降会增加就业量和产出、扩大投资,提高经济总量,中间品贸易自由化可以缓解上游垄断对下游企业出口国内增加值的抑制作用;还有其他的影响因素,比如外商直接投资、市场分割和制造业投入服务化等。微观层面的影响因素包括融资约束通过抑制技术创新和成本加成率抑制企业出口国内增加值,中间品贸易的国内增加值既会受到要素禀赋的影响,也会受到专业化分工的影响。

（四）贸易摩擦对企业的影响效应

有些研究发现贸易摩擦可以为实施贸易摩擦国带来一定的利益,但在短时间内国内的竞争力和消费者福利也会降低。大量研究发现,当中国企业受到来自国外的贸易摩擦时,企业生产率、出口额、出口量和出口技术复杂度都会有一定程度的下降。贸易摩擦对企业出口国内增加值率的影响可分为直接效应和间接效应,贸易摩擦影响企业出口国内增加值率的直接效应是贸易摩擦发生后会,企业从国外获得的原材料和中间品等投入品的价格上升,企业在贸易摩擦发生前可以进口的原材料和中间品在贸易摩擦发生后无法进口,除此之外还会降低企业的预算,导致能够进口原材料和中间品的种类和质量降低,从而降低了企业的进口质量,对企业的出口国内增加值率造成不利影响,降低企业全球价值链的分工和地位的攀升。贸易摩擦影响出口国内增加值率的间接效应是将获得价格更高和低质量的国外原材料和中间品,从而改变要素的投入结构,无法发挥出比较优势,也会降低企业的生产率,生产出更少的出口国内增加值率,抑制全球价值链地位的提升。

第三节 研究思路、内容与方法

一、研究思路

本书基于异质性贸易理论,围绕贸易摩擦和出口国内增加值率这一重大主题展开。针对现有研究对企业层面研究中的不足,提出亟须研究的问题,其基本思路是在现有文献理论分析的基础上,结合近年来贸易摩擦和出口国内增加值率研究的新动向展开研究。

在梳理研究思路之前,首先要明确本书研究相关的两个核心概念。

第一是贸易摩擦,贸易摩擦在《辞海》中的定义为:"在贸易活动中,参与国之间产生的关于经济利益的争夺行为,一般是为了保护本国国内市场或者争夺第三国市场而产生。在有效的协调机制①建立之前,表现形式为互相提高关税、互相设置贸易壁垒,采取贸易报复行为等。世界贸易组织建立之后,在多边规则的约束之下,表现形式以反倾销调查、反补贴调查、提高关税、保障措施和特别保障措施等贸易救济行为为主,贸易摩擦通常采取贸易磋商寻求解决之道。"贸易摩擦是由于贸易双方在相对利益变动不公正时引发的,一般由国家利益受损的一方率先发起,其目的是挽回自身利益或者争取更大的利益。贸易摩擦的表现形式是摩擦发起国通过采取贸易措施干预双方的贸易过程。

第二是出口国内增加值率,随着国际产业分工的深入及贸易的飞速发展,以"增加值贸易"作为新的国际贸易核算标准成为必然,增加值率由国内和国外两部分组成,来自国内的增加值率称为出口国内增加值率,来自国外的部分称为出口国外增加值率。

本书沿着 Melitz(2003)提出的企业异质性贸易模型分析框架,借鉴贸易摩擦对出口国内增加值率影响的理论模型(Dixit 和 Stiglitz,1977;Eaton 和 Kortum,2002;Melitz 和 Ottaviano,2008;Mayer 等,2014;Kee 和 Tang,2016),使用中国工业企业数据和海关数据库等匹配的海量微观数据,研究了贸易摩擦对出口国内增加值率的

---

① 例如关税总协定、世界贸易组织等。

影响。在企业异质性贸易理论基础上,研究贸易摩擦和出口国内增加值率的关系,具体的研究思路如下。

首先,理论问题与现实问题相结合,阅读、归纳、提炼文献。国内外关于贸易摩擦、异质性贸易理论和出口国内增加值率的文献有很多,其主要可分成事实性文献、工具性文献、理论性文献、政策性文献和经验性文献。基于异质性企业贸易理论,讨论贸易摩擦对中国制造业企业出口国内增加值率的影响。

其次,测算贸易摩擦和中国制造业企业出口国内增加值率。使用反倾销调查频率和持续时间两个维度衡量贸易摩擦(余振等,2018;张先锋等,2018;毛其淋,2020),以世界主要国家对中国的反倾销调查频率作为代理变量量化贸易摩擦频率。对于中国制造业企业出口国内增加值率的测算,参考 Upward 等(2013)的做法测算得出企业的出口国内增加值率。

再次,利用 2000—2013 年中国海关数据库、工业企业数据库和贸易摩擦数据库的匹配数据,实证检验贸易摩擦对中国制造业企业出口国内增加值率的影响、机制和异质性。实证检验分为两个部分:第一部分是异质性企业贸易理论下以反倾销调查频率作为贸易摩擦频率的代理变量,检验贸易摩擦频率对中国制造业企业出口国内增加值率的影响;第二部分是异质性企业贸易理论下以反倾销持续时间作为贸易摩擦持续时间的代理变量,检验贸易摩擦持续时间对中国制造业企业出口国内增加值率的影响。为解决实证模型因遗漏变量、样本选择偏误可能导致的内生性问题,采用工具变量法和二阶段最小二乘法对模型进行回归检验;从企业的要素密集度、所有制、技术水平、贸易方式和东中西部地区的异质性展开分析,考察贸易摩擦对中国制造业企业出口国内增加值率的异质性。

最后,基于理论与实证的研究结论,对在国内国际双循环新发展格局下,针对如何积极有效地解决国际贸易摩擦争端,提高企业的出口国内增加值率等问题提出一些政策启示。

二、研究内容

基于上述的研究背景、意义和思路,本书从以下 7 个部分展开详细研究,具体的结构安排如下。

第一部分:绪论。本部分首先根据选题背景提出本书的研究问题,说明研究的理论和现实意义。中国经济在经过近 40 年的稳步发展后,与世界各国经贸关系大体上保持稳步发展的趋势,但国际贸易摩擦时常发生,如何解决这些问题是一个较大的难题。因此,研究贸易摩擦和出口国内增加值率的关系不仅可以丰富有关国际贸易与经济发展关系的文献,而且可以为发展战略提供有力支持。其余部分介绍了本书的研究思路、研究内容、研究方法及可能的创新点与不足。

第二部分:文献综述。本部分主要是梳理贸易摩擦、企业异质性理论和出口国内增加值率的相关文献,并对现有的研究进行评述。(1)贸易摩擦的相关研究,首先讨论了贸易摩擦的理论来源,主要从重商主义理论、幼稚工业保护理论和战略性贸易政策理论三个方面展开分析;接着是对贸易摩擦的经济分析,从微观和宏观两个层面展开论述,并讨论了中美贸易摩擦的经济效应;最后是异质性贸易理论,从异质性贸易理论的基础框架、异质性贸易理论基础框架下的扩展模型、企业内生边界理论模型和企业内生边界理论模型的扩展四个角度展开分析。(2)出口国内增加值率的相关研究,首先讨论了当下热门的多种出口国内增加值率的测算方法,从互联网化、贸易自由化、外商直接投资和融资约束角度论述了其对出口国内增加值率的影响,然后分析了贸易摩擦对出口国内增加值率的影响。(3)贸易摩擦对企业的影响研究,讨论了贸易摩擦对企业生产率的影响,在此基础之上进一步分析了贸易摩擦对企业出口动态的影响。

第三部分:企业出口国内增加值率的测算和特征事实。使用2000—2013年中国工业企业数据库和海关数据库的匹配数据,借鉴 Upward 等(2013)对企业出口国内增加值率的测算方法,从总体、行业、省份、东中西部地区、企业要素密集度、企业所有制、企业技术水平和企业贸易方式8个维度对中国2000—2013年的企业出口国内增加值率进行测算并分析其演变过程。

第四部分:贸易摩擦影响出口国内增加值率的理论模型。首先,在企业异质性模型中,将中间品投入嵌入异质性企业框架中,构建贸易摩擦对企业出口国内增加值率的理论模型;在超越对数成本模型中,推导得出贸易摩擦对企业出口国内增加值率的影响;在内生差异贸易模型中,构建一个考察贸易摩擦对企业出口国内增加值率的理论模型。然后在李嘉图比较优势模型中加入两阶段生产,通过求导分析得出贸易摩擦对企业出口国内增加值率的影响作用。基于垄断竞争模型,构建了贸易摩擦对企业出口国内增加值率的理论模型。

第五部分:贸易摩擦频率对出口国内增加值率的影响。使用中国海关数据库、工业企业数据库、世界银行临时性贸易壁垒数据库等数据库的匹配数据对理论基础中的命题进行实证检验。首先参考 Upward 等(2013)的方法测算了企业层面的出口国内增加值率,数据的处理比较烦琐,与第四部分类似,这里不再赘述。从企业层面检验了异质性企业理论下贸易摩擦对中国制造业企业出口国内增加值率的影响,详细介绍了实证中所采用的计量模型和使用的数据及处理方法。然后采用替换被解释变量、倍差法重新回归、工具变量法、二阶段最小二乘法等方法进行稳健性和内生性检验。最后根据工业企业数据库和海关数据库中的标识从企业所属性质、贸易方式、行业技术含量、要素密集度和地区分布等角度展开异质性分析。

第六部分:贸易摩擦持续时间对出口国内增加值率的影响。本部分的整体思路和内容与第五部分类似,以反倾销调查持续时间作为衡量贸易摩擦持续时间。构建企业的出口质量、企业生产率和企业退出与基准模型的调节效应模型,分析了贸易摩擦持续时间影响出口国内增加值率的机制。

第七部分:研究结论、政策建议。本部分总结贸易摩擦对中国制造业企业出口国内增加值率的影响,从贸易摩擦对企业出口国内增加值率的影响作用、贸易摩擦对企业出口国内增加值率的影响机制和贸易摩擦对企业出口国内增加值率的异质性三个方面论述了本书的结论。然后基于理论与实证的研究结论,对如何积极应对、抵御和缓解贸易摩擦带来的影响提出了政策建议。

三、研究方法

研究方法是否得当直接决定了研究结论的准确性和可靠性。本书的研究具有较强的理论性和现实性,既要继承国内外现有对贸易摩擦和出口国内增加值率的研究成果,又需要从一些新的层面、新的视角理解双循环新发展格局下微观层面贸易摩擦对中国制造业企业出口国内增加值率影响的原因,并讨论其稳健性、异质性和机制,从多角度和多层次来保证研究的严谨性和可靠性。本书拟采用的研究方法有理论与实证分析相结合、数理模型与计量模型相结合和比较分析法等,可概括如下。

第一,理论和实证分析相结合。在理论分析方面,本书在国内外相关文献的基础上,发现贸易摩擦对中国制造业企业出口国内增加值率可能的影响、机制和异质性;在理论分析的基础之上,本书的第四章和第五章以反倾销的频率和持续时间作为贸易摩擦频率和持续时间的代理变量,对进行较为详细的实证分析。实现2000—2013年中国工业企业数据库、海关数据库和世界银行临时性贸易壁垒数据库,对数据进行筛选、指标统一、匹配、指标平减等一系列工作,形成制造业企业非平衡面板的大样本数据后进行匹配。借鉴 Upward 等(2013)对企业出口国内增加值率的测算方法,采用替换被解释变量等多种方法进行稳健性和内生性检验。依据贸易摩擦的经济效应理论基础展开机制分析,采用调节效应模型从企业出口平均价格、生产率、出口质量、企业退出视角分析贸易摩擦影响中国制造业企业出口国内增加值率的机制,最后根据工业企业数据库和海关数据库中的标识从企业所属性质、贸易方式、行业技术含量、要素密集度和地区分布等角度展开异质性分析。

图 1 - 2 为本书的研究技术路线图。

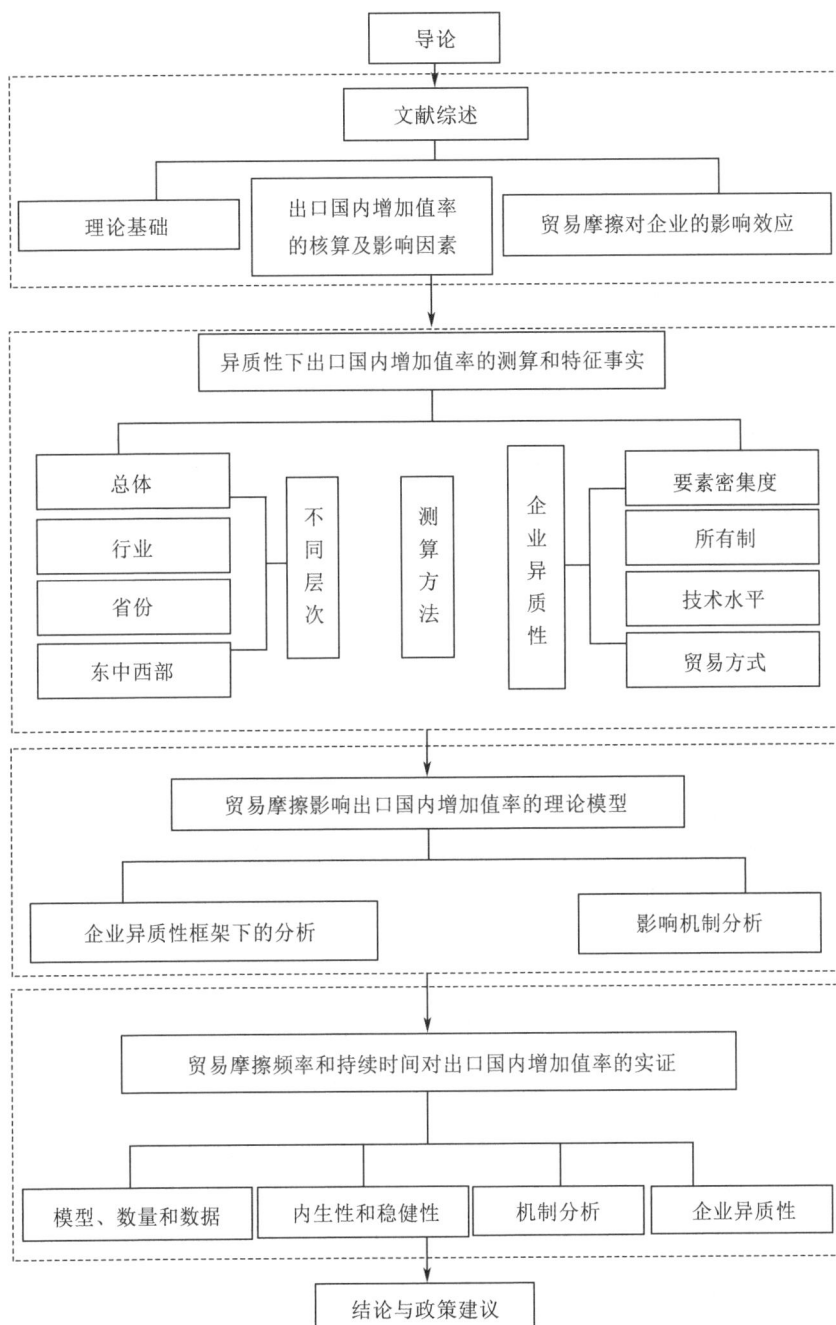

图 1 - 2 研究技术路线图

第二,数理模型与计量模型相结合。本书基于贸易摩擦影响出口国内增加值率的理论基础,使用多种数理模型进行分析,分别在李嘉图比较优势框架、垄断竞争模型框架、企业异质框架下展开详细分析,最终得出本书的研究假说。在对数理模型下的研究假说进行检验时,借鉴国内外学者以往的研究,使用了多种计量模型并做了较为全面的检验,比如调节效应模型、中介效应模型、倍差法、工具变量法、二阶段最小二乘法等。数理模型和计量模型的结合,加强了本书研究的完备性,研究具有对应的理论基准,并在此之上进行经验分析验证数理模型的可靠性和适用性。

第三,比较分析法。为了探究贸易摩擦对不同类型企业出口国内增加值率的不同规律,本书从地区异质性、贸易方式异质性、所有制异质性、要素密集度异质性,以及技术水平异质性等方面对制造业企业进行划分,比较分析东中西部地区企业、一般贸易和加工贸易企业、国有企业和非国有企业、劳动密集型和资本技术密集型企业、高中低技术水平企业的不同规律。通过比较分析法,可以更加全面地了解贸易摩擦对中国制造业企业出口国内增加值率的影响,进而更有针对性地提出具体的政策建议。

第四节 研究创新点与不足

一、可能的创新点

本书在中国双循环新发展格局的大背景下,基于异质性贸易理论,研究贸易摩擦对中国制造业企业出口国内增加值率的影响,梳理其微观特征和理论机制,可能的创新之处主要有以下几点。

第一,尝试构建了贸易摩擦对企业出口国内增加值率影响的理论模型,贸易摩擦对出口国内增加值率影响的研究基本处于理论上的空白,尝试在已有理论基础上进行拓展,进行局部创新。具体地,使用多种数理模型进行推导,基于李嘉图比较优势框架、垄断竞争模型框架、企业异质模型框架等展开详细的分析,最终得出本书的研究假说。

第二,本书为理解企业出口国内增加值率提供了一个新的视角。国内外的文献对出口增加值的研究集中在贸易自由化、互联网化、外商直接投资和融资约束等视角,几乎没有从贸易摩擦来展开分析的,而关于贸易摩擦和全球价值链的研究,国内学者的研究更多集中于全球价值链对中美贸易摩擦的影响,而从贸易摩擦视角去研究全球价值链的文献侧重于宏观层面,缺乏一定的微观理论基础,本书尝试填补这些空缺,在前人研究的基础上进行创新。

第三,厘清贸易摩擦对企业出口国内增加值率影响的微观理论机制。在贸易摩擦对企业出口国内增加值率的实证分析中,方法上进行了局部创新,基于实证模型构建了调节效应模型,从而探索贸易摩擦对出口国内增加值率的影响途径。具体地探讨了以企业受到反倾销调查频率和持续时间作为衡量贸易摩擦频率和持续时间的代理变量,是否通过企业的生产率、出口质量、成本加成、融资约束、生产产品范围等调节变量来影响企业出口国内增加值率。

二、研究不足

本书主要研究了中国制造业企业出口国内增加值率的特征事实、贸易摩擦对出口国内增加值率的影响、机制及异质性的检验,在研究中可能存在以下不足。

第一,关于企业出口国内增加值率的测算不足,国内外学者对于出口国内增加值率的测算没有一个绝对统一的标准,比如宏观层面的有 Hummels 等(2001)提出的 HIY 法、Koopman 等(2008,2010,2012)提出的 KWW 法,KPWW 法及王直等(2015)提出将贸易总出口分解成 16 个部门内容;微观层面有 Kee 和 Tang(2016)、Upward 等(2013)、张杰等(2013)和吕越等(2015)的方法。依据研究问题和数据,选择使用不同层面的测算方法,每种测算方法都有一定的优势和劣势。

第二,衡量贸易摩擦程度的不足,对于如何准确衡量一国或地区的国际贸易摩擦程度,与出口国内增加值率的测算类似,国内外学者的研究也没有一个绝对统一的标准,本书鉴于国际贸易摩擦最常见的表现形式是反倾销,以企业受到的反倾销调查频率和持续时间作为贸易摩擦频率和持续时间的代理变量来展开分析。除此之外,国际贸易摩擦的形式有关税壁垒、出口补贴、进口配额和外汇管制等,鉴于篇幅有限,本书无法对此做出全面的分析和检验。

第三,贸易摩擦对出口增加值经验研究不足,越来越多的学者倾向于使用海量微观数据库进行实证研究,海量微观数据库包含更为丰富和详细的企业行为和绩效数据,但也存在一定的问题,例如部分核心指标缺失、异常等。

第二章　出口国内增加值率的测算和特征事实

一个国家或地区的出口需要具备两重属性,一是通过中间品的进口和再出口为国际贸易伙伴国带来增加值,即出口国外增加值(Koopman,2010);二是为本国创造的增加值,被称作出口国内增加值(马丹和何雅兴,2020)。对贸易增加值的关注更多集中在出口国内增加值(Dollar 等,2019),准确测算国际贸易为本国创造的增加值和理解出口国内增加值率的演变过程,对塑造新型国际贸易格局具有深远的意义。

第一节　测算方法

目前,关于出口国内增加值率的测算主要是从宏观层面和微观层面来展开研究的。宏观层面的测算主要是基于 Hummels 等(2001)及 Koopman 的一系列方法,利用世界投入产出数据库对出口总值进行分解分析;微观层面的测算主要是基于中国工业企业数据库和海关数据库的匹配数据,测算出每个企业每年的出口国内增加值率。本节主要分析宏观层面下王直等(2015)提出的方法和微观层面下 Kee和 Tang(2016)提出的方法、张杰等(2013)提出的方法、Upward 等(2013)提出的方法和吕越等(2015)提出的方法。

一、基于宏观层面的测算

由于中间品贸易是国家间投入产出模型中的内生变量,其分解不可以简单地通过套用里昂惕夫方法实现,王直等(2015)[①]提出将所用的各层面中间品贸易,根据其产地和被最终吸收目的地进行分解,形成被不同国家、不同部门最终产品生产所吸收的各个部分。以三个国家为例,分解双边中间品贸易品,表 2 - 1 为三国间投入产出模型。

---

① 王直,魏尚进,祝坤福. 总贸易核算法:官方贸易统计与全球价值链的度量[J]. 中国社会科学,2015(9):108-127.

表 2 - 1 三国投入产出模型的表式

投入		产出						总产出
		中间使用			最终使用			
		S 国	R 国	T 国	S 国	R 国	T 国	
中间投入	S 国	Z^{SS}	Z^{SR}	Z^{ST}	Y^{SS}	Y^{SR}	Y^{ST}	X^{S}
	R 国	Z^{RS}	Z^{RR}	Z^{RT}	Y^{RS}	Y^{RR}	Y^{RT}	X^{R}
	T 国	Z^{TS}	Z^{TR}	Z^{TT}	Y^{TS}	Y^{TR}	Y^{TT}	X^{T}
增加值		VA^{S}	VA^{R}	VA^{T}	—	—	—	—
总投入		$(X^{S})'$	$(X^{R})'$	$(X^{T})'$	—	—	—	—

S、R 和 T 表示三个国家的名称；Z 表示中间使用；Y 表示最终使用；X 表示总产出；VA 表示增加值。例如 Z^{RS} 表示 R 国产品被 S 国用作中间投入品的权额；Y^{RS} 表示 R 国产品被 S 国用作最终使用品的数额。假设各国部门数量为 N，那么中间使用 Z 为 $N*N$ 矩阵，最终使用 Y 和总产出 X 为 $N*1$ 矩阵，VA 为 $1*N$ 矩阵，则有平衡式

$$\begin{bmatrix} Z^{SS} + Z^{SR} + Z^{ST} \\ Z^{RS} + Z^{RR} + Z^{RT} \\ Z^{TS} + Z^{TR} + Z^{TT} \end{bmatrix} + \begin{bmatrix} Y^{SS} + Y^{SR} + Y^{ST} \\ Y^{RS} + Y^{RR} + Y^{RT} \\ Y^{TS} + Y^{TR} + Y^{TT} \end{bmatrix} = \begin{bmatrix} X^{S} \\ X^{R} \\ X^{T} \end{bmatrix} \qquad (2-1)$$

令投入系数 $A^{SR} \equiv Z^{SR}(\hat{X}^{R})^{-1}$ 或 $A \equiv Z(\hat{X})^{-1}$，则

$$\begin{bmatrix} A^{SS} & A^{SR} & A^{ST} \\ A^{RS} & A^{RR} & A^{RT} \\ A^{TS} & A^{TR} & A^{TT} \end{bmatrix}\begin{bmatrix} X^{S} \\ X^{R} \\ X^{T} \end{bmatrix} + \begin{bmatrix} Y^{SS} + Y^{SR} + Y^{ST} \\ Y^{RS} + Y^{RR} + Y^{RT} \\ Y^{TS} + Y^{TR} + Y^{TT} \end{bmatrix} = \begin{bmatrix} X^{S} \\ X^{R} \\ X^{T} \end{bmatrix} \qquad (2-2)$$

最终需求所拉动的总产出公式为

$$\begin{bmatrix} X^{S} \\ X^{R} \\ X^{T} \end{bmatrix} = \begin{bmatrix} B^{SS} & B^{SR} & B^{ST} \\ B^{RS} & B^{RR} & B^{RT} \\ B^{TS} & B^{TR} & B^{TT} \end{bmatrix}\begin{bmatrix} Y^{SS} + Y^{SR} + Y^{ST} \\ Y^{RS} + Y^{RR} + Y^{RT} \\ Y^{TS} + Y^{TR} + Y^{TT} \end{bmatrix} \qquad (2-3)$$

将 R 国总产出 X^{R} 分解为不同最终品所拉动的产出，即

$$X^{R} = B^{RS}Y^{SS} + B^{RS}Y^{SR} + B^{RS}Y^{ST} + B^{RR}Y^{RS} + B^{RR}Y^{RR} + B^{RR}Y^{RT}$$
$$+ B^{RT}Y^{TS} + B^{RT}Y^{TR} + B^{RT}Y^{TT} \qquad (2-4)$$

S 国向 R 国中间出口可分解为 9 个部门，即

$$Z^{SR} = A^{SR}X^{R} = A^{SR}B^{RS}Y^{SS} + A^{SR}B^{RS}Y^{SR} + A^{SR}B^{RS}Y^{ST} + A^{SR}B^{RR}Y^{RS} + A^{SR}B^{RR}Y^{RR}$$
$$+ A^{SR}B^{RR}Y^{RT} + A^{SR}B^{RT}Y^{TS} + A^{SR}B^{RT}Y^{TR} + A^{SR}B^{RT}Y^{TT} \qquad (2-5)$$

令 $V^{S} \equiv VA^{S}(X^{S})^{-1}$，$V^{R} \equiv VA^{R}(X^{R})^{-1}$，$V^{T} \equiv VA^{T}(X^{T})^{-1}$，完全增加值系数为

$$VB = \begin{bmatrix} V^S & V^R & V^T \end{bmatrix} \begin{bmatrix} B^{SS} & B^{SR} & B^{ST} \\ B^{RS} & B^{RR} & B^{RT} \\ B^{TS} & B^{TR} & B^{TT} \end{bmatrix} =$$

$$[V^S B^{SS} + V^R B^{RS} + V^T B^{TS}, V^S B^{SR} + V^R B^{RR} + V^T B^{TR}, V^S B^{ST} + V^R B^{RT} + V^T B^{TT}]$$

$$(2-6)$$

任一单位最终品产出可被完整分解为所有国家和所有部门的增加值,对于 S 国则有

$$V^S B^{SS} + V^R B^{RS} + V^T B^{TS} = u, u = (1,1,\cdots,1) \qquad (2-7)$$

一国的出口包括最终出口和中间出口两部分,令 E^{SR} 表示 S 国向 R 国的出口,则有 $E^{SR} = A^{SR} X^R + Y^{RS}$,S 国的总出口可表示为 $E^S = E^{SR} + E^{ST} = A^{SR} X^R + A^{ST} X^T + Y^{SR} + Y^{ST}$,因此可将式(2-2)改写为

$$\begin{bmatrix} A^{SS} & 0 & 0 \\ 0 & A^{RR} & 0 \\ 0 & 0 & A^{TT} \end{bmatrix} \begin{bmatrix} X^S \\ X^R \\ X^T \end{bmatrix} + \begin{bmatrix} Y^{SS} + E^S \\ Y^{RS} + E^R \\ Y^{TS} + E^T \end{bmatrix} = \begin{bmatrix} X^S \\ X^R \\ X^T \end{bmatrix} \qquad (2-8)$$

令 $L^{SS} = (I - A^{SS})^{-1}$, $L^{RR} = (I - A^{RR})^{-1}$, $L^{TT} = (I - A^{TT})^{-1}$,则有

$$\begin{bmatrix} X^S \\ X^R \\ X^T \end{bmatrix} = \begin{bmatrix} L^{SS} Y^{SS} + L^{SS} E^S \\ L^{RR} Y^{RS} + L^{RR} E^R \\ L^{TT} Y^{TS} + L^{TT} E^T \end{bmatrix} \qquad (2-9)$$

S 国向 R 国的中间出口可表示为

$$Z^{SR} = A^{SR} X^R = A^{SR} L^{RR} Y^{RS} + A^{SR} L^{RR} E^R \qquad (2-10)$$

根据式(2-5)、式(2-7)和式(2-10),S 国向 R 国的出口 E^{SR} 可分解为

$$E^{SR} = A^{SR} X^R + Y^{RS} = (V^S B^{SS})'\#Y^{SR} + (V^R B^{RS})'\#Y^{SR} + (V^T B^{TS})'\#Y^{SR} +$$
$$(V^S B^{SS})'\#(A^{SR} X^R) + (V^R B^{RS})'\#(A^{SR} X^R) + (V^T B^{TS})'\#(A^{SR} X^R) = (V^S B^{SS})'\#Y^{SR} +$$
$$(V^S L^{SS})'\#(A^{SR} B^{RR} Y^{RR}) + (V^S L^{SS})'\#(A^{SR} B^{RT} Y^{TT}) + (V^S L^{SS})'\#(A^{SR} B^{RR} Y^{RT}) +$$
$$(V^S L^{SS})'\#(A^{SR} B^{RT} Y^{TR}) + (V^S L^{SS})'\#(A^{SR} B^{RR} Y^{RS}) + (V^S L^{SS})'\#(A^{SR} B^{RT} Y^{TS}) +$$
$$(V^S L^{SS})'\#(A^{SR} B^{RS} Y^{SS}) + (V^S L^{SS})'\#[A^{SR} B^{RS} (Y^{SR} + Y^{ST})] +$$
$$(V^S B^{SS} - V^S L^{SS})'\#(A^{SR} X^R) + (V^R B^{RS})'\#Y^{SR} + (V^R B^{RS})'\#(A^{SR} L^{RR} Y^{RR}) +$$
$$(V^R B^{RS})'\#(A^{SR} L^{RR} E^R) + (V^T B^{TS})'\#Y^{SR} + (V^T B^{TS})'\#(A^{SR} L^{RR} Y^{RR}) +$$
$$(V^T B^{TS})'\#(A^{SR} L^{RR} E^R) \qquad (2-11)$$

E^{SR} 共包含 16 部分内容,图 2-1 为总贸易核算法的基本概念框架,展示了各部分对应的经济含义。

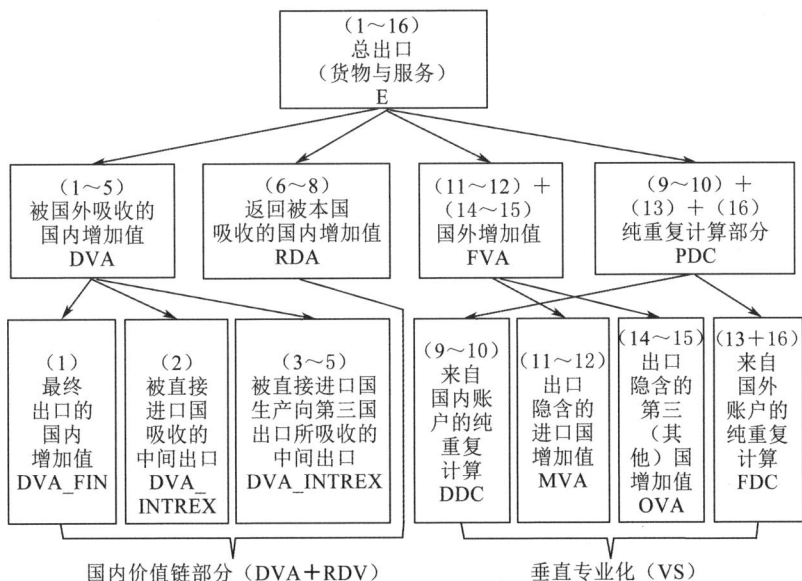

图 2-1 总贸易核算法的基本概念框架

二、基于微观层面的测算

（一）Kee 和 Tang（2016）提出的方法

Kee 和 Tang（2016）使用中国工业企业数据库和海关数据库的匹配数据研究了中国企业出口国内增加值率的演变过程，假定企业 i 的总收入由利润 π_i、工资 wL_i、资本成本 rK_i、国内材料成本 $P^D M_i^D$ 和进口材料成本 $P^I M_i^I$ 组成，可表示为

$$PY_i \equiv \pi_i + wL_i + rK_i + P^D M_i^D + P^I M_i^I \qquad (2-12)$$

企业 i 的出口国内增加值率 DVA_i 等于利润 π_i、工资 wL_i、租金 rK_i 和购买直接国内材料 q_i^D 或间接国内材料的总和 δ_i^D，DVA_i 可表示为

$$DVA_i \equiv \pi_i + wL_i + rK_i + q_i^D + \delta_i^D \qquad (2-13)$$

对于出口所有产品并进口中间品的加工企业，企业的总出口 EXP_i 等于总收入，进口 IMP_i 等于进口材料成本 $P^I M_i^I$ 和进口资本成本 δ_i^K，可得

$$EXP_i = DVA_i + IMP_i - \delta_i^D + \delta_i^F - \delta_i^K \Rightarrow DVA_i$$
$$= (EXP_i - IMP_i) - (\delta_i^D - \delta_i^F + \delta_i^K) \qquad (2-14)$$

可用 $EXP_i - IMP_i$ 表示加工企业调整 δ_i^D、δ_i^F 和 δ_i^K 后的 DVA_i，中国企业加工出口的 δ_i^D 接近 0，由于加工企业的资本输入和材料进口分开记录，因此 δ_i^K 为 0，国内材料中的外来物质 δ_i^F 导致高估了 DVA_i，企业出口国内增加值率 $DVAR_i$ 可表示为

$$\mathrm{DVAR}_i \equiv \frac{\mathrm{DVA}_i}{\mathrm{EXP}_i} = 1 - \frac{P^{\mathrm{I}} M_i^{\mathrm{I}}}{\mathrm{PY}_i} - \frac{\delta_i^{\mathrm{F}}}{\mathrm{EXP}_i} = 1 - \frac{P^{\mathrm{M}} M_i}{\mathrm{PY}_i} \frac{P^{\mathrm{I}} M_i^{\mathrm{I}}}{P^{\mathrm{M}} M_i} - \frac{\delta_i^{\mathrm{F}}}{\mathrm{EXP}_i}$$

$$(2-15)$$

若企业不为其他企业进口或出口即只从事直接贸易,并只在一个行业生产,令 Ω_j 表示行业中的企业集合,那么行业的出口国内增加值率为

$$\mathrm{DVAR}_j = 1 - \frac{\sum_{i \in \Omega j} \mathrm{IMP}_i}{\sum_{i \in \Omega j} \mathrm{EXP}_i} = \sum_{i \in \Omega j} \frac{\mathrm{EXP}_i}{\sum_{i \in \Omega j} \mathrm{EXP}_i} \frac{\mathrm{EXP}_i - \mathrm{IMP}_i}{\mathrm{EXP}_i}$$

$$= \sum_{i \in \Omega j} \frac{\mathrm{EXP}_i}{\sum_{i \in \Omega j} \mathrm{EXP}_i} \mathrm{DVAR}_i \qquad (2-16)$$

(二)Upward 等(2013)提出的方法

Hummels 等(2001)提出的方法并未考虑加工贸易和一般贸易;Upward 等(2013)在 Koopman 等(2012)提出的方法基础上,使用中国海关数据库和工业企业数据库对企业的出口国内增加值率进行了测算。假定企业所有进口用于中间投入,加工贸易进口全部用于加工贸易出口的中间投入,一般贸易进口的中间投入同比例应用在国内销售和一般贸易出口中,企业出口的国外和国内增加值率计算公式为

$$v_{\mathrm{F}} = \frac{v_{\mathrm{F}}}{X} = \frac{M^{\mathrm{P}} + X^{\mathrm{O}}[M^{\mathrm{O}}/(D+X^{\mathrm{O}})]}{X} \qquad (2-17)$$

$$v_{\mathrm{D}} = \frac{v_{\mathrm{D}}}{X} = \frac{X - v_{\mathrm{F}}}{X} = 1 - v_{\mathrm{F}} \qquad (2-18)$$

式中, v_{F} 和 v_{D} 分别表示企业出口国外增加值率和国内增加值率;M、X 和 D 分别表示企业的进口、出口和国内销售,上标 P 和 O 分别表示加工贸易和一般贸易。

假定进口产品都用作中间投入使用(但一般贸易进口在现实中既被用于中间投入使用,也可用作最终产品直接用于国内销售)。在此基础上,Upward 等(2013)进一步将 HS 产品码转换为 BEC 编码,以此区分出中间投入品(M)、消费品(C)和资本品(K)。进而进一步得到企业出口的国外和国内增加值率计算公式,即

$$v_{\mathrm{F}}' = \frac{v_{\mathrm{F}}}{X} = \frac{M^{\mathrm{P}} + X^{\mathrm{O}}[M_{\mathrm{m}}^{\mathrm{O}}/(D+X^{\mathrm{O}})]}{X} \qquad (2-19)$$

$$v_{\mathrm{D}}' = \frac{v_{\mathrm{D}}}{X} = \frac{X - v_{\mathrm{F}}}{X} = 1 - v_{\mathrm{F}}' \qquad (2-20)$$

式中, $M_{\mathrm{m}}^{\mathrm{O}}$ 表示 BEC 产品分类下剔除了消费品和资本品的中间品。

(三)张杰等(2013)提出的方法

如果不考虑中国企业使用中间代理贸易商进口的中间品和资本品,将有可能低估中国企业出口的国外增加值和国外增加值率,张杰等(2013)提出考虑贸易代

理商问题后的企业出口的实际附加值将为

$$v_F'' = \frac{V_{AF}}{X} = \frac{M_A^P + X^O[M_{Am}^O/(D + X^O)]}{X} \qquad (2-21)$$

$$v_D'' = \frac{V_{AD}}{X} = \frac{X - V_{AF}}{X} = 1 - v_F'' \qquad (2-22)$$

式中，V_{AF}、V_{AD}、M_A^P 和 M_{Am}^O 分别表示企业实际的出口国外增加值率、出口国内增加值率、实际加工贸易进口额和实际一般贸易中间投入进口额。

假定特定产品 k 进口总额中这类中间贸易商的累积进口占总进口的份额为 m^k，则企业的实际加工贸易进口额为

$$M_A^P = \sum_k \frac{M^P}{1 - m^k} \qquad (2-23)$$

式中，k 为企业通过加工贸易进口的产品。

$$M_{Am}^O = \sum_j \frac{M_m^O}{1 - m^j} \qquad (2-24)$$

式中，j 为企业通过一般贸易进口的中间投入品。

（四）吕越等（2015）提出的方法

在企业使用的原材料中，有部分含有国外产品的份额，Koopman 等（2012）认为这一份额为 5% ~10%，吕越等（2015）构造了计算出口国内增加值率的方法，即

$$v_F''' = \frac{V_{AF}}{X} = \frac{\{M_A^P + X^O[M_{Am}^O/(D + X^O)]\} + 0.05\{M^T - M_A^P - [M_{Am}^O/(D + X^O)]\}}{X}$$
$$(2-25)$$

$$v_D''' = \frac{V_{AD}}{X} = \frac{X - V_{AF}}{X} = 1 - v_F''' \qquad (2-26)$$

式中，M^T 表示企业中间投入额，假定在企业国内中间投入中，5% 为海外附加值。

三、数据来源

第一套数据库：工业企业数据库。数据来自国家统计局 2000—2013 年的"规模以上"工业企业调查，此调查涵盖了中国所有的国有企业及非国有企业中的"规模以上"企业，这些企业的出口总额占中国制造业出口总额的 98%。数据中包括来自企业资产负债表、利润表及现金流量表中的多个变量，并提供了关于企业身份、所有制、出口额、就业人数及固定资产总额等方面的详细信息，对应于国民经济行业分类与代码。

第二套数据库：海关数据库。海关总署的产品层面交易数据记载了 2000—2013 年企业的每一条进出口交易信息，提供了高度细分的进出口产品层面的数据，分为 22 类 98 章内容，包括企业税号、进出口产品的 8 位 HS 编码、进出口数量、

价值、目的地(来源地)和交通运输方式。特别重要的是,对于每一条交易,海关都记载了其贸易方式,即加工贸易、一般贸易及其他贸易类型。

第二节　特征事实:不同层次视角

一、总体出口国内增加值率

本书使用海量微观数据库的匹配数据,借鉴 Upward 等(2013)和吕越等(2015)提出的方法,测算企业 2000—2013 年的出口国内增加值率。表 2-2 是对企业总体出口国内增加值率的测算结果。总体出口国内增加值率表示企业每年的出口国内增加值率;企业数量表示通过对中国工业企业数据库和海关数据的处理和匹配后得到的企业数量。从表中结果可以看出,企业每年总体上的出口国内增加值率在逐步上升。

表 2-2　总体出口国内增加值率的测算结果

年份	总体出口国内增加值率	标准差	企业数量
2000	0.433 1	0.421	10 857
2001	0.515 9	0.412	14 342
2002	0.553 3	0.404	16 644
2003	0.581 7	0.399	19 055
2004	0.554 6	0.414	2 8101
2005	0.623 7	0.390	29 909
2006	0.659 8	0.384	33 180
2007	0.657 3	0.386	34 760
2008	0.668 1	0.390	42 099
2009	0.700 7	0.377	35 784
2010	0.706 7	0.370	28 609
2011	0.673 6	0.389	37 319
2012	0.685 0	0.394	38 861
2013	0.689 6	0.404	36 898

图 2-2 是企业总体出口国内增加值率变化趋势图,自 2000—2013 年间中国企业出口国内增加值率总体上处于上升趋势,由 2000 年的 43.31% 上升到 2013 年

的 68.96% ,增幅达到了约 25% 。自 2001 年中国加入世界贸易组织后,中国企业以更加开放的形式融入世界市场,在国际贸易上的各项优惠政策和贸易壁垒的减少也在一定程度上促进了中国国内出口增加值率的上升,中国正积极地融入全球价值链分工中,其参与地位也有一定的提高。企业的国内出口增加值率在 2000 年入世后呈现出缓步上升的趋势,直到 2004 年有一定的下降之后又开始大幅度上升,这主要是由于企业对中间品的使用减少,企业在生产过程中对中间品的生产能力的提高降低了对来自国外中间品的依赖性。

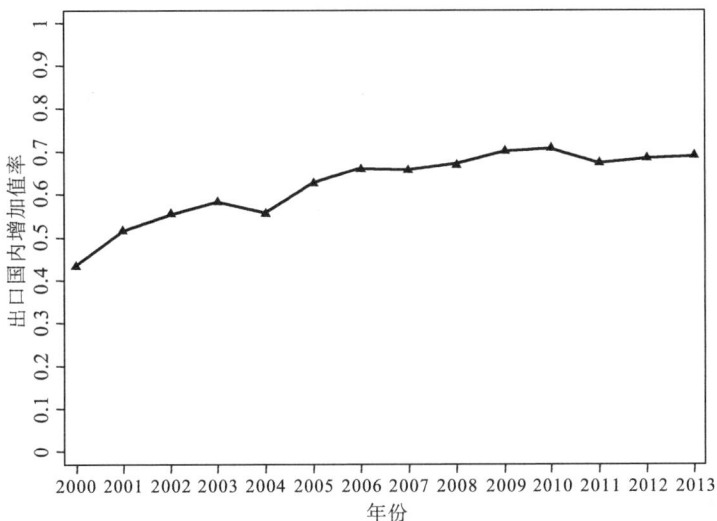

图 2 - 2　企业总体出口国内增加值率变化趋势图

二、分行业出口国内增加值率

本书的研究对象是中国制造业行业企业的出口国内增加值率,不同行业的企业出口国内增加值率往往不同,甚至呈现较大差异①。表 2 - 3 是对中国 26 个制造业行业企业出口国内增加值率的测算结果。行业代码表示中国工业企业数据库中的行业标识码,行业表示行业代码对应的名称;行业出口国内增加值率表示在不同的行业中,企业每年的出口国内增加值率;企业数量表示通过对中国工业企业数据库和海关数据的处理和匹配后得到的企业数量,随着时间的推移,企业的数量逐渐增加。

---

① 本书根据中国工业企业数据库的行业代码,根据数据属性,经过筛选共选择了 26 个制造业行业的数据。

表2-3 中国26个制造业行业企业出口国内增加值率的测算结果

行业代码	行业	行业出口国内增加值率	标准差	企业数量
13	农副食品加工业	0.684	0.389	14 871
14	食品制造业	0.670	0.390	6 890
15	饮料制造业	0.677	0.395	1 803
17	纺织业	0.675	0.394	36 599
18	纺织服装、鞋、帽制造业	0.614	0.397	37 073
19	皮革、毛皮、羽毛(绒)及其制品业	0.621	0.396	17 594
20	木材加工及木、竹、藤、棕、草制品业	0.657	0.405	6 587
21	家具制造业	0.664	0.401	9 380
22	造纸及纸制品业	0.598	0.397	4 783
23	印刷业和记录媒介的复制	0.629	0.401	3 874
24	文教体育用品制造业	0.632	0.392	12 572
26	化学原料及化学制品制造业	0.644	0.400	21 651
27	医药制造业	0.680	0.397	6 450
28	化学纤维制造业	0.599	0.399	2 024
29	橡胶制品业	0.617	0.392	7 098
30	塑料制品业	0.598	0.396	21 784
31	非金属矿物制品业	0.683	0.396	15 049
32	黑色金属冶炼及压延加工业	0.675	0.401	2 691
33	有色金属冶炼及压延加工业	0.643	0.415	2 968
34	金属制品业	0.654	0.399	19 917
35	通用设备制造业	0.681	0.392	25 156
36	专用设备制造业	0.669	0.402	28 502
37	交通运输设备制造业	0.653	0.399	21 150
39	电气机械及器材制造业	0.643	0.398	30 225
40	通信设备、计算机及其他电子设备制造业	0.607	0.395	38 144
41	仪器仪表及文化、办公用机械制造业	0.625	0.398	11 583

图 2-3 是中国 26 个制造业行业企业总体出口国内增加值率的变化趋势图,发现农副食品加工业、食品制造业、饮料制造业和纺织业的出口国内增加值率较高,分别达到了 0.684,0.670,0.677 和 0.675;化学纤维制造业、橡胶制品业和塑料制品业的出口国内增加值率较低,分别为 0.599,0.617 和 0.598;通信设备、计算机及其他电子设备制造业的出口国内增加值率只有 0.607。从整体上可以说明,处于中国低技术水平行业企业的出口国内增加值率往往偏高;处于中国高技术水平行业企业的出口国内增加值率往往偏低。

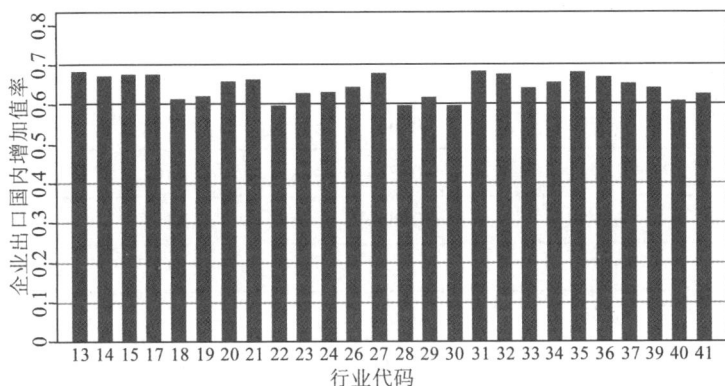

图 2-3 中国 26 个制造业行业企业总体出口国内增加值率的变化趋势图

三、分省份出口国内增加值率

中国每个省份的经济发展水平和对外贸易结构存在较大的差异。其出口国内增加值率也不尽相同,甚至差异较大。由于有关西藏自治区等的数据信息量相对较小,因此本书测算了中国 30 个省份的企业出口国内增加值率,表 2-4 所示为具体的测算结果。省份代码表示各个省份或地区对应的代码,企业数量表示通过对中国工业企业数据库和海关数据的处理和匹配后得到的企业数量。从表中数据可以发现,宁夏、云南、内蒙古、山西、新疆等经济发展水平相对落后的中西部省份或地区的企业的出口国内增加值率较高,达到了 0.685,0.677,0.686,0.713 和 0.685;北京、天津、广东等经济发展水平相对发达的东部省份或地区的企业的出口国内增加值率较低,分别为 0.628,0.618 和 0.590。

表 2-4 30 个省份企业出口国内增加值率的测算结果

省份代码	省份名称	出口国内增加值率	标准差	企业数量
11	北京	0.628	0.396	8 595
12	天津	0.618	0.394	10 491

表 2-4（续）

省份代码	省份名称	出口国内增加值率	标准差	企业数量
13	河北	0.690	0.398	7 844
31	上海	0.618	0.383	39 638
32	江苏	0.651	0.401	60 404
33	浙江	0.712	0.391	77 894
35	福建	0.653	0.388	21 054
37	山东	0.638	0.401	39 981
44	广东	0.590	0.396	92 959
46	海南	0.643	0.389	521
14	山西	0.713	0.410	968
34	安徽	0.669	0.416	4 257
36	江西	0.654	0.417	2 200
41	河南	0.675	0.408	3 109
42	湖北	0.664	0.408	3 468
43	湖南	0.675	0.415	1 542
15	内蒙古	0.686	0.408	801
45	广西	0.655	0.405	2 027
50	重庆	0.680	0.405	1 840
51	四川	0.684	0.404	3 296
52	贵州	0.662	0.412	308
53	云南	0.677	0.408	735
61	陕西	0.668	0.400	1 373
62	甘肃	0.660	0.421	295
63	青海	0.680	0.431	74
64	宁夏	0.685	0.418	267
65	新疆	0.685	0.403	345
21	辽宁	0.633	0.392	16 599
22	吉林	0.649	0.407	2 055
23	黑龙江	0.679	0.402	1 478

四、东中西部地区出口国内增加值率

中国的地区发展存在较大的不平衡。东部沿海地区经济发展水平较高,中部次之,西部地区最差。为考察中国东部地区、中部地区和西部地区企业出口国内增加值率的差异,对其分别进行了测算,表2-5所示为具体的测算结果。东部地区企业数量表示使用中国海关数据库和工业企业数据库匹配得到的企业数量;中部地区企业数量表示使用中国海关数据库和工业企业数据库匹配得到的企业数量;西部地区企业数量表示使用中国海关数据库和工业企业数据库匹配得到的企业数量。从表中结果可以看出,在样本期的起始年份,东部地区的企业出口国内增加值率最低;中部地区的企业出口国内增加值率次之;西部地区的企业出口国内增加值率最高。但在之后东部地区企业对外贸易得到了快速发展,出口国内增加值率不断攀升,在样本期的末期实现了对中西部地区出口国内增加值率的超越。

表2-5 东中西部地区企业出口国内增加值率的测算结果

年份	东部地区企业数量	东部地区出口国内增加值率	中部地区企业数量	中部地区出口国内增加值率	西部地区企业数量	西部地区出口国内增加值率
2000	9 668	0.425	892	0.480	297	0.558
2001	12 713	0.513	1 179	0.531	450	0.566
2002	14 719	0.547	1 418	0.596	507	0.628
2003	16 797	0.579	1 668	0.586	590	0.653
2004	24 930	0.550	2 363	0.573	808	0.641
2005	26 494	0.619	2 531	0.642	884	0.696
2006	29 321	0.659	2 909	0.659	950	0.694
2007	30 652	0.654	3 140	0.676	968	0.688
2008	37 566	0.667	3 580	0.669	953	0.711
2009	32 034	0.699	3 011	0.715	739	0.720
2010	24 924	0.706	2 746	0.708	939	0.724
2011	32 889	0.673	3 311	0.674	1 119	0.676
2012	34 208	0.687	3 520	0.677	1 133	0.662
2013	32 466	0.693	3 408	0.665	1 024	0.671

图2-4是东中西部地区的企业出口国内增加值率的变化趋势图。从变化趋

势图中可以明显地发现,西部地区的企业出口国内增加值率最高;中部地区的企业出口国内增加值率次之;东部地区的企业出口国内增加值率最低。但东中西部地区的企业出口国内增加值率在 2004 年均出现了下降,在之后呈上升趋势,但总体上一直是东部地区的企业出口国内增加值率小于中部地区,中部地区的企业出口国内增加值率小于西部地区。直到 2011 年后,这一趋势发生了改变,中西部地区的企业出现下降趋势,并低于东部地区的企业出口国内增加值率。

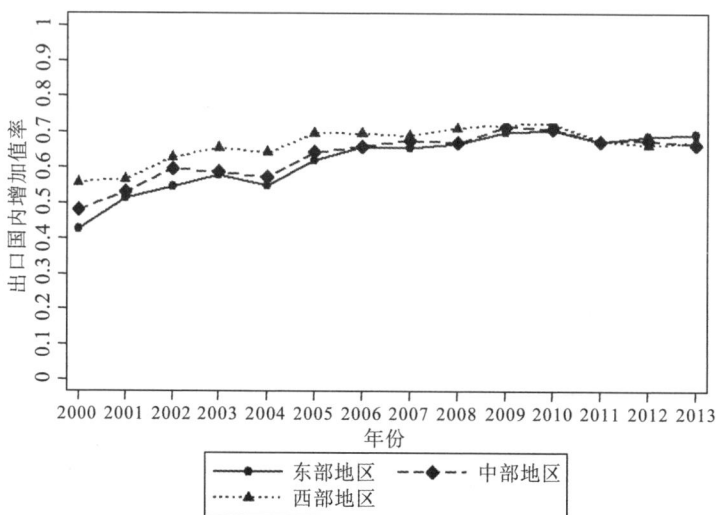

图 2-4　东中西部地区的企业出口国内增加值率的变化趋势图

<h1 style="text-align:center">第三节　特征事实:异质性视角</h1>

一、要素密集度的异质性

根据企业要素密集度的异质性,可把企业分为资本密集型、技术密集型和劳动密集型。但由于技术密集型企业数量较少,因此归类到资本密集型中,即本书所述资本密集型中,企业样本包含技术密集型企业。资本密集型企业相对劳动密集型企业,往往具有更大的企业规模、更高的固定资产、较高的生产率和更强的抵抗风险的韧性等优点。为比较这两类企业的出口国内增加值率的情况,对其分别进行了测算,表 2-6 所示为具体的测算结果。资本密集型企业数量表示使用中国海关数据库和工业企业数据库匹配得到的企业数量;劳动密集型企业数量表示使用中国海关数据库和工业企业数据库匹配得到的企业数量。从表中结果可以看出,在样本期的起始年份,劳动密集型的企业出口国内增加值率低于资本密集型的企业出口国内增加值率。但在之后,尤其是在中国加入世界贸易组织后,劳动密集型企业得到迅速发展,在样本期中后期实现了对资本密集型企业出口国内增加值率的超越。

表 2-6　要素密集度异质性企业出口国内增加值率的测算结果

年份	资本密集型企业数量	资本密集企业出口国内增加值率	劳动密集型企业数量	劳动密集企业出口国内增加值率
2000	5 054	0.453	5 803	0.415
2001	6 681	0.532	7 661	0.502
2002	7 774	0.562	8 870	0.546
2003	8 985	0.580	10 070	0.584
2004	13 899	0.549	14 202	0.560
2005	14 892	0.623	15 017	0.624
2006	16 938	0.656	16 242	0.664
2007	17 973	0.650	16 787	0.665
2008	22 451	0.654	19 648	0.684
2009	19 171	0.684	16 613	0.720
2010	15 872	0.686	12 737	0.732
2011	22 066	0.661	15 253	0.692
2012	24 499	0.671	14 362	0.709
2013	23 171	0.676	13 727	0.712

图 2-5 是劳动密集型和资本密集型企业出口国内增加值率的变化趋势图。从变化趋势图中可以发现,在 2000—2003 年,资本密集型的企业出口国内增加值率高于劳动密集型企业,但在 2003 年这一趋势发生变化,2003 年后劳动密集型的企业出口国内增加值率超过资本密集型企业,并且这二者的出口国内增加值率的差值在不断扩大。

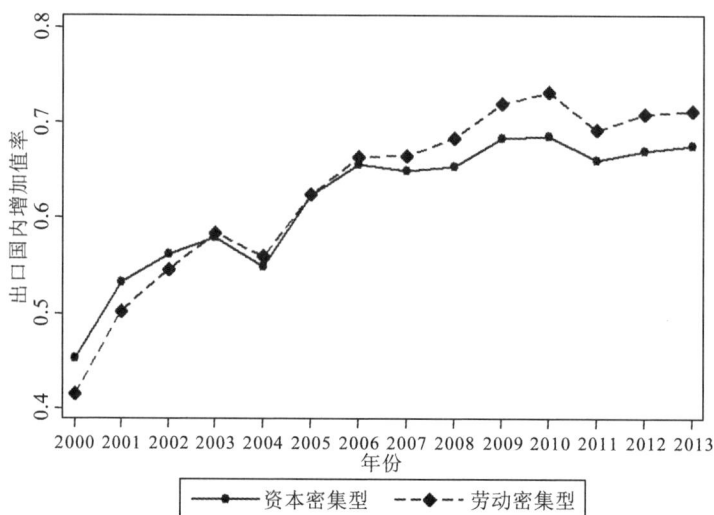

图 2 - 5　资本密集型和劳动密集型企业出口国内增加值率的变化趋势图

二、所有制企业异质性

根据企业所有制的异质性,可把企业分为国有企业、外商独资企业、中外合资企业、私营企业和集体企业。不同所有制企业具有不同的企业规模、企业生产率、外商直接投资等。为比较这 5 类企业的出口国内增加值率情况,对其分别进行了测算,表 2 - 7 所示为具体的测算结果。国有企业数量表示使用中国海关数据库和工业企业数据库匹配得到的企业数量;外商独资企业数量表示使用中国海关数据库和工业企业数据库匹配得到的企业数量;中外合资企业数量表示使用中国海关数据库和工业企业数据库匹配得到的企业数量;私营企业数量表示使用中国海关数据库和工业企业数据库匹配得到的企业数量;集体企业数量表示使用中国海关数据库和工业企业数据库匹配得到的企业数量。从表中数据可以看出,这 5 类企业的出口国内增加值率整体呈上升趋势。但在起始年份的出口国内增加值率差异较大,尤其是中外合资企业和外商独资企业的出口国内增加值率较低,可能的原因是在 2000 年时这两类企业较少,企业处于起始阶段,发展不成熟。但经过样本期内多年的发展后,出口国内增加值率迅速攀升,在 2013 年与其他几类企业出口国内增加值率持平甚至超越。

表2-7　所有制企业异质性企业出口国内增加值率的测算结果

年份	国有企业数量	国有企业出口国内增加值率	外商独资企业数量	外商独资企业出口国内增加值率	中外合资企业数量	中外合资企业出口国内增加值率	私营企业数量	私营企业出口国内增加值率	集体企业数量	集体企业出口国内增加值率
2000	862	0.571	3 517	0.358	3 910	0.444	237	0.715	652	0.630
2001	1 173	0.570	4 615	0.445	5 121	0.515	615	0.704	1 086	0.649
2002	1 346	0.629	5 603	0.478	5 773	0.561	1 335	0.696	1 305	0.648
2003	1 346	0.615	6 628	0.519	6 119	0.589	2 358	0.693	1 337	0.669
2004	1 566	0.602	10 437	0.466	8 052	0.571	5 080	0.675	1 516	0.649
2005	1 575	0.671	11 166	0.553	8 216	0.638	6 093	0.708	1 468	0.700
2006	1 490	0.718	12 708	0.607	8 419	0.669	8 028	0.709	1 289	0.752
2007	1 190	0.703	12 715	0.603	7 242	0.680	7 520	0.708	1 139	0.737
2008	1 091	0.712	14 872	0.625	7 386	0.701	8 025	0.733	1 113	0.763
2009	848	0.725	12 075	0.677	5 805	0.731	6 601	0.741	924	0.753
2010	909	0.721	9 068	0.671	5 406	0.737	5 995	0.746	844	0.769
2011	928	0.716	9 632	0.673	5 279	0.722	6 409	0.720	890	0.778
2012	851	0.681	8 711	0.706	4 658	0.731	5 463	0.746	819	0.764
2013	766	0.674	8 197	0.720	4 275	0.745	5 134	0.735	771	0.737

　　图2-6是国有企业、外商独资企业、中外合资企业、私营企业和集体企业的出口国内增加值率的变化趋势图。从变化趋势图中可以发现,在5种类型的企业中,私营企业的出口国内增加值率最高,集体企业的出口国内增加值率次之,国有企业的出口国内增加值率第三,中外合资企业的出口国内增加值率第四,外商独资企业的出口国内增加值率最低。在整体上,这5种类型的企业在2000—2013年呈上升趋势,但在2003年均出现了下降趋势,在之后这一趋势得到改善,2011年,这5种类型的企业出口国内增加值率的差值逐渐缩小。

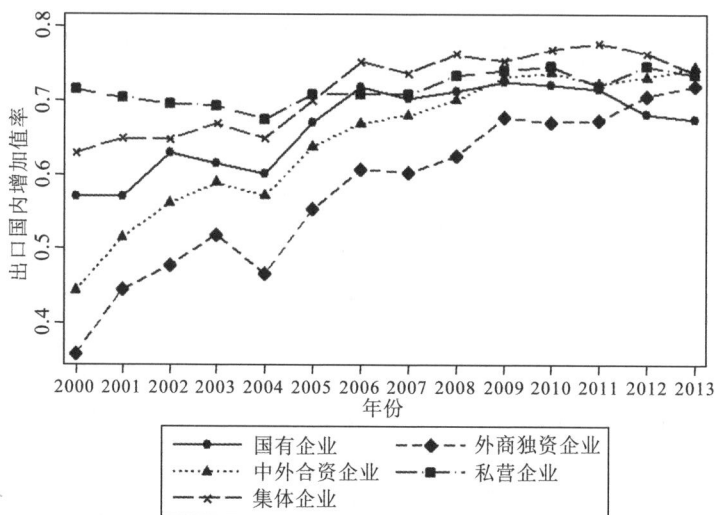

图 2-6　企业所有制异质性企业的出口国内增加值率的变化趋势图

三、技术水平异质性

根据企业所有制的异质性,可把企业分为低端行业企业、中低端行业企业、中高端行业企业和高端行业企业。不同技术水平的企业具有不同的企业规模、企业生产率、企业创新能力等。为比较这4类企业的出口国内增加值率情况,对其分别进行了测算,表2-8所示为具体的测算结果。低端行业企业数量表示使用中国海关数据库和工业企业数据库匹配得到的企业数量,中低端行业企业数量表示使用中国海关数据库和工业企业数据库匹配得到的企业数量,中高端行业企业数量表示使用中国海关数据库和工业企业数据库匹配得到的企业数量,高端行业企业数量表示使用中国海关数据库和工业企业数据库匹配得到的企业数量,从表中数据可以看出这4类企业的出口国内增加值率整体上呈上升趋势,但也有一些波动。

表 2-8　技术水平异质性企业出口国内增加值率的测算结果

年份	低端行业企业数量	低端行业企业出口国内增加值率	中低端行业企业数量	中低端行业企业出口国内增加值率	中高端行业企业数量	中高端行业企业出口国内增加值率	高端行业企业数量	高端行业企业出口国内增加值率
2000	4 779	0.405	1 914	0.440	2 692	0.486	1 472	0.420
2001	6 288	0.497	2 546	0.511	3 582	0.557	1 926	0.509

表 2 - 8（续）

年份	低端行业企业数量	低端行业企业出口国内增加值率	中低端行业企业数量	中低端行业企业出口国内增加值率	中高端行业企业数量	中高端行业企业出口国内增加值率	高端行业企业数量	高端行业企业出口国内增加值率
2002	7 313	0.540	2 868	0.561	4 268	0.579	2 195	0.537
2003	8 350	0.580	3 242	0.587	4 999	0.599	2 464	0.547
2004	11 779	0.555	5 006	0.543	7 703	0.578	3 613	0.520
2005	12 375	0.619	5 411	0.609	8 308	0.647	3 815	0.606
2006	13 252	0.657	6 005	0.664	9 728	0.673	4 195	0.633
2007	13 577	0.662	6 435	0.647	10 385	0.674	4 363	0.619
2008	15 707	0.685	7 462	0.654	13 503	0.677	5 427	0.617
2009	13 192	0.718	6 432	0.685	11 620	0.703	4 540	0.668
2010	10 063	0.731	5 298	0.708	9 624	0.696	3 624	0.667
2011	11 941	0.693	6 667	0.671	13 464	0.674	5 247	0.633
2012	12 051	0.708	5 091	0.691	14 732	0.672	6 987	0.668
2013	11 359	0.709	5 130	0.703	14 100	0.672	6 309	0.683

　　图 2 - 7 是低端行业企业、中低端行业企业、中高端行业企业和高端企业出口国内增加值率的变化趋势图。从变化趋势图中可以发现,在 4 种类型的企业整体上来看,高端行业企业出口国内增加值率最低;中低端行业企业和中高端行业企业出口国内增加值率略高;低端行业企业出口国内增加值率最高。这 4 种类型企业的出口国内增加值率在 2004 年呈现负值变化;在 2008 年前中高端行业企业出口国内增加值率较高;2008 年之后低端行业企业出口国内增加值率最高;在 2008—2013 年,中低端行业企业和中高端行业企业出口增加值率呈现高低交错变化。

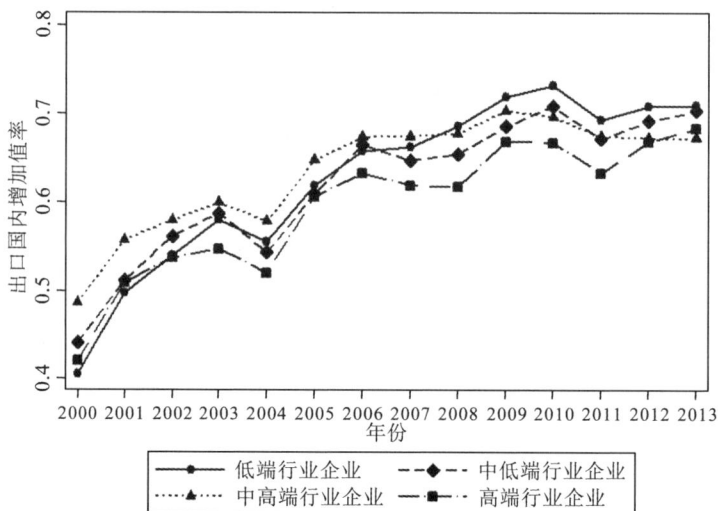

图 2 – 7 技术水平异质性企业出口国内增加值率的变化趋势图

四、贸易方式异质性

根据企业贸易方式的异质性,可把企业分为一般贸易企业、加工贸易企业、混合贸易企业[①]。为比较这 3 种贸易企业的出口国内增加值率的情况,分别对其进行了测算,表 2 – 9 所示为具体的测算结果。一般贸易企业数量表示使用中国海关数据库和工业企业数据库匹配得到的企业数量,在 2007—2010 年,一般贸易企业的出口国内增加值率最高,之后呈现下降趋势。加工贸易企业数量表示使用中国海关数据库和工业企业数据库匹配得到的企业数量,加工贸易类企业的出口国内增加值率总体上呈上升趋势;混合贸易企业数量表示使用中国海关数据库和工业企业数据库匹配得到的企业数量,混合贸易企业的出口国内增加值率与加工贸易类似,整体呈上升趋势。

表 2 – 9 贸易方式异质性企业出口国内增加值率

年份	一般贸易企业数量	一般贸易企业出口国内增加值率	加工贸易企业数量	加工贸易企业出口国内增加值率	混合贸易企业数量	混合贸易企业出口国内增加值率
2000	2 700	0.657	2 029	0.346	6 128	0.364
2001	4 280	0.685	2 325	0.433	7 737	0.447

---

① 混合贸易企业指的是除一般贸易企业和加工贸易企业外的其他企业综合。

表 2 - 9(续)

年份	一般贸易企业数量	一般贸易企业出口国内增加值率	加工贸易企业数量	加工贸易企业出口国内增加值率	混合贸易企业数量	混合贸易企业出口国内增加值率
2002	5 620	0.697	2 253	0.440	8 771	0.490
2003	7 348	0.715	2 162	0.478	9 545	0.503
2004	11 517	0.704	3 549	0.398	13 035	0.465
2005	12 791	0.752	3 503	0.483	13 615	0.539
2006	15 270	0.765	3 436	0.543	14 474	0.576
2007	12 970	0.821	3 229	0.502	18 561	0.570
2008	16 179	0.820	3 855	0.531	22 065	0.581
2009	14 595	0.817	3 183	0.613	18 006	0.622
2010	12 962	0.815	1 410	0.631	14 237	0.615
2011	15 703	0.780	1 971	0.604	19 645	0.596
2012	2 700	0.657	36 772	0.679	2 089	0.790
2013	4 280	0.685	34 980	0.685	1 918	0.773

图 2 - 8 是一般贸易企业、加工贸易企业和混合贸易企业出口国内增加值率的变化趋势图。从变化趋势图中可以发现,3 种类型的企业在整体上来看,加工贸易企业的出口国内增加值率最低,混合贸易企业的出口国内增加值率略高,一般贸易企业的出口国内增加值率最高。在 2012 年之前一般贸易企业的出口国内增加值率与加工贸易企业和混合贸易企业的差额较大,在这之后一般贸易企业的出口国内增加值率出现较大幅度下降,在 2013 年有所缓和,而混合贸易的出口国内增加值率攀升至最高,加工贸易和一般贸易出口国内增加值率呈交错关系。

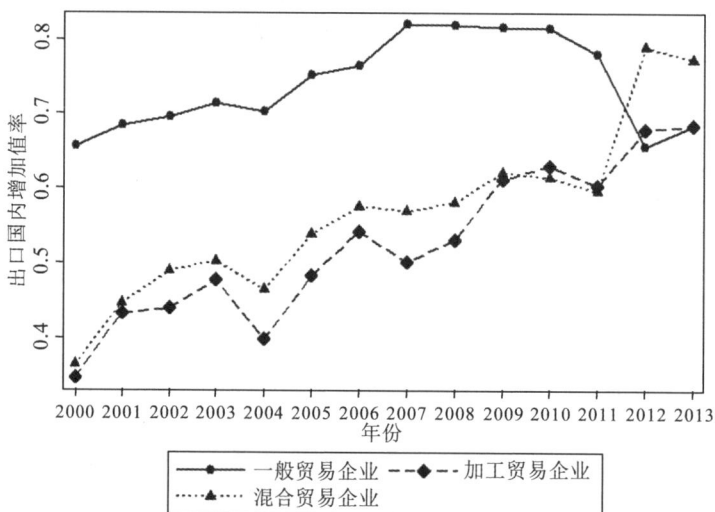

图 2-8 贸易方式异质性企业出口国内增加值率的变化趋势图

第四节 本 章 小 结

从微观企业的异质性特征出发,基于异质性企业模型建立企业增加值的测算模型已经成为当前国际贸易领域全球价值链分析的一个发展趋势。Hummels 等(2001)的测算方法并未考虑加工贸易和一般贸易;Upward 等(2013)在 Koopman 等(2012)方法的基础上使用中国海关数据库和工业企业数据库对企业出口国内增加值率进行了测算。假定企业所有进口用于中间投入,加工贸易进口全部用于加工贸易出口的中间投入,一般贸易进口的中间投入同比例应用在国内销售和一般贸易出口中,从而可以得出企业出口的国外和国内增加值率。通过对中国海关数据库、工业企业数据库两大微观数据库进行匹配,从宏观、中观和微观的角度出发,对企业总体、行业、省份、东中西部地区、要素密集度异质性、所有制异质性、技术水平异质性和贸易方式异质性 8 个维度进行测算。

根据测算结果发现,从企业总体来看,企业总体的出口国内增加值率一直呈现上涨的趋势;从行业来看,处于中国低技术水平行业的企业的出口国内增加值率往往偏高,处于中国高技术水平行业的企业的出口国内增加值率偏低;从省份或地区来看,宁夏、云南、内蒙古、山西、新疆等经济发展水平相对落后的中西部省份或地区的企业的出口国内增加值率较高,北京、天津、广东等经济发展水平相对发达的东部省份或地区的企业的出口国内增加值率较低;从东中西地区来看,西部地区的企业的出口国内增加值率最高,中部地区的企业的出口国内增加值率次之,东部地区的出口国内增加值率最低;从企业要素密集度异质性来看,在2000—2003年间资本密集型企业的出口国内增加值率高于劳动密集型企业,但在2003年这一趋势发生了变化,2003后劳动密集型企业的出口国内增加值率超过资本密集型企业,并且这二者的出口国内增加值率的差值在不断扩大;从企业所有制异质性来看,私营企业的出口国内增加值率最高,集体企业的出口国内增加值率次之,国有企业的出口国内增加值率第三,中外合资企业的出口国内增加值率第四,外商独资企业的出口国内增加值率最低;从企业技术水平异质性来看,高端行业企业的出口国内增加值率最低,中低端行业企业和中高端行业企业的出口国内增加值率略高,低端行业企业的出口国内增加值率最高;从企业贸易方式异质性来看,加工贸易企业的出口国内增加值率最低,混合贸易企业的出口国内增加值率略高,一般贸易企业的出口国内增加值率最高。

第三章　贸易摩擦影响企业出口
国内增加值率的理论模型

本书主要研究贸易摩擦对企业出口国内增加值率的影响,尝试在以往研究的基础上构建和推导,得出贸易摩擦影响企业出口国内增加值率的理论模型。首先,在企业异质性模型中,将中间品投入嵌入到 Melitz(2003)的异质性企业框架中,构建贸易摩擦对企业出口国内增加值率的理论模型;在超越对数成本模型中,基于 Kee 和 Tang(2016)的理论模型,推导得出贸易摩擦对企业出口国内增加值率的影响;在内生差异贸易模型中,基于 Melitz 和 Ottaviano(2008)的模型构建一个考察贸易摩擦对企业出口国内增加值率的理论模型。借鉴李小帆和马弘(2019)的方法在经典的李嘉图比较优势模型中加入两阶段生产,通过求导分析得出贸易摩擦对企业出口国内增加值率的影响作用。基于 Dixit – Stiglitz(1977)的垄断竞争模型,参考全球价值链的相关研究文献,构建贸易摩擦对企业出口国内增加值率的理论模型。

第一节　企业异质性框架下的分析

一、企业异质性模型

将中间品投入嵌入到 Melitz(2003)的异质性企业框架中,构建贸易摩擦对企业出口国内增加值率的理论模型。假设存在一个代表性的消费者,消费具有水平差异性的产品,偏好可以由 CES 函数表示

$$U = \Big[\int_{w \in \Omega} q(w)^\rho dw \Big]^{1/\rho} \tag{3-1}$$

式中　U ——消费者的效用;

　　　Ω ——连续统一的水平差异性产品集合;

　　　w ——某一种类产品;

　　　$q(w)$ ——消费者对某一种类产品 w 的需求量;

　　　$1/\rho$ ——消费者的多样性偏好程度;

　　　$1/\rho \to 0$ ——消费者的多样性偏好程度最强;

　　　$1/\rho \to 1$ ——消费者不再偏好多样性。

令 σ 为产品替代弹性,则 $\sigma = 1/(1-\rho)$。消费者对某一种类产品的价格指数、消费量和支出水平为

$$P = \left[\int_{\omega\epsilon\Omega} p(w)^{1-\sigma} \mathrm{d}w \right]^{\frac{1}{1-\sigma}} \tag{3-2}$$

$$q(w) = \frac{R}{P} \left[\frac{p(w)}{P} \right]^{-\sigma} \tag{3-3}$$

$$r(w) = p(w)q(w) = R \left[\frac{p(w)}{P} \right]^{1-\sigma} \tag{3-4}$$

Q 代表消费者对所有产品的总消费量, $R = PQ$ 代表消费者对所有产品的总支出。

假定企业生产需要使用劳动和中间品,生产函数为

$$q(\varphi) = \varphi\, l(\varphi)^{\alpha}\, m(\varphi)^{1-\alpha} \tag{3-5}$$

式中 $l(\varphi)$ ——企业的劳动投入;

$m(\varphi)$ ——企业的中间投入;

α ——企业劳动的投入份额。

中间品来自国内和国外,中间品的投入 $m(\varphi)$ 为

$$m(\varphi) = [x_{\mathrm{D}}(\varphi)^{\frac{\varepsilon-1}{\varepsilon}} + x_{\mathrm{M}}(\varphi)^{\frac{\varepsilon-1}{\varepsilon}}]^{\frac{\varepsilon}{\varepsilon-1}} \tag{3-6}$$

中间品 P_{I} 的投入价格为

$$P_{\mathrm{I}} = [P_{\mathrm{D}}^{1-\varepsilon} + P_{\mathrm{M}}^{1-\varepsilon}]^{\frac{1}{1-\varepsilon}} \tag{3-7}$$

企业购买的国内中间品 $x_{\mathrm{D}}(\varphi)$ 和国外中间品 $x_{\mathrm{M}}(\varphi)$ 为

$$x_{\mathrm{D}}(\varphi) = m(\varphi)\left[\frac{P_{\mathrm{D}}}{P_{\mathrm{I}}} \right]^{-\sigma} \tag{3-8}$$

$$x_{\mathrm{M}}(\varphi) = m(\varphi)\left[\frac{P_{\mathrm{M}}}{P_{\mathrm{I}}} \right]^{-\sigma} \tag{3-9}$$

企业的出口国内增加值率为

$$\mathrm{DVAR}(\varphi) \equiv \frac{x_{\mathrm{D}}(\varphi)}{x_{\mathrm{D}}(\varphi) + x_{\mathrm{M}}(\varphi)} = \frac{(P_{\mathrm{D}})^{-\sigma}}{(P_{\mathrm{D}})^{-\sigma} + (P_{\mathrm{M}})^{-\sigma}} = \frac{1}{1 + \left(\frac{P_{\mathrm{M}}}{P_{\mathrm{D}}} \right)^{-\sigma}}$$

$$\tag{3-10}$$

企业 i 的出口国内增加值率DVAR_{it}与进口中间品价格和国内中间品价格之比 $P_{\mathrm{M}}/P_{\mathrm{D}}$ 呈正比。

二、超越对数成本模型

参考 Kee 和 Tang(2016)的研究,企业 i 的总收入PY_i,包含总利润π_i 和总成本 TC_i,可用等式表示为

$$PY_i = \pi_i + TC_i \tag{3-11}$$

式中,总成本包含工人的工资 wL_i、资本的成本 rK_i、国内中间投入品成本 $P^D M_i^D$ 和国外中间品投入成本 $P^I M_i^I$,可用等式表示

$$TC_i = wL_i + rK_i + P^D M_i^D + P^I M_i^I \tag{3-12}$$

由此可知,企业的总收入可表示为

$$PY_i = \pi_i + wL_i + rK_i + P^D M_i^D + P^I M_i^I \tag{3-13}$$

假定国内中间品投入不包含来自国外的部分,国外中间品投入不包含来自国内的部门,那么企业 i 的出口国内增加值率可表示为

$$DVA_i \equiv \pi_i + wL_i + rK_i + P^D M_i^D \tag{3-14}$$

企业 i 的出口国内增加值率可表示为

$$DVAR_{it} \equiv \frac{DVA_{it}}{EXP_{it}} = 1 - \frac{P_t^I M_{it}^I}{P_{it} Y_{it}} - \frac{\delta_{it}^F}{EXP_{it}} \tag{3-15}$$

式中,δ_{it}^F / EXP_{it} 无法观测,包含在回归方程的误差项中,即

$$DVAR_{it} = 1 - \frac{P_t^I M_{it}^I}{P_{it} Y_{it}} + \varphi_{it} = 1 - \frac{P_t^M M_{it}}{P_{it} Y_{it}} \frac{P_t^I M_{it}^I}{P_t^M M_{it}} + \varphi_{it} \tag{3-16}$$

式中,φ_{it} 表示回归方程误差项,当控制 $P_t^M M_{it} / P_{it} Y_{it}$ 中间品投入额在总收入份额时,企业出口国内增加值率与中间品进口额与中间品投入额之比 $P_t^I M_{it}^I / P_t^M M_{it}$ 正相关。假定中间投入价格指数为进口中间品价格和国内中间品价格的超越对数函数,并假设该函数是对称和一次齐次,该函数可表示为

$$\ln P^M(P_t^I, P_t^M) = \alpha_i + \alpha_{0I} \ln P_t^I + \alpha_{0D} \ln P_t^D + \frac{1}{2}\alpha_{II}(\ln P_t^I)^2$$
$$+ \alpha_{ID} \ln P_t^I \ln P_t^D + \frac{1}{2}\alpha_{DD}(\ln P_t^D)^2 \tag{3-17}$$

对称和一次齐次下的函数需要满足的条件为

$$\alpha_{II} < 0; \alpha_{DD} < 0; \alpha_{0I} + \alpha_{0D} = 1; \alpha_{II} + \alpha_{ID} = \alpha_{DD} + \alpha_{ID} = 0 \tag{3-18}$$

整理得

$$\alpha_{II} = \alpha_{DD} = -\alpha_{ID} < 0, \alpha_{ID} > 0 \tag{3-19}$$

m_{it}^I 和 m_{it}^D 表示生产一单位中间投入品,需要的进口中间品和国内中间品,即

$$m_{it}^k = \frac{M_{it}^k}{M_{it}}, k = I、D \tag{3-20}$$

国内中间品或国外中间品份额等于中间投入品,单位成本函数对国内中间品或国外中间品的弹性,可得

$$\frac{\partial P^M(P_t^I, P_t^D)}{\partial P_t^k} = m_t^k(P_t^I, P_t^D) \tag{3-21}$$

同乘 $P_t^k / P^M(P_t^I, P_t^D)$,可得

$$\frac{\partial P^M(P_t^I, P_t^D)}{\partial P_t^k} \frac{P_t^k}{P^M(P_t^I, P_t^D)} = m_t^k(P_t^I, P_t^D) \frac{P_t^k}{P^M(P_t^I, P_t^D)} \qquad (3-22)$$

代入 m_{it}^k 的表达式,可得

$$\frac{\partial P^M(P_t^I, P_t^D)}{\partial P_t^k} \frac{P_t^k}{P^M(P_t^I, P_t^D)} = \frac{P_t^k M_i^k(P_t^I, P_t^D)}{P^M(P_t^I, P_t^D) M_{it}} \qquad (3-23)$$

转换得

$$\frac{P_t^I M_{it}^I}{P_t^M M_{it}} = \frac{\partial \ln P^M(P_t^I, P_t^D)}{\partial \ln P_t^I} \qquad (3-24)$$

$\ln P^M(P_t^I, P_t^D)$ 的导数形式为

$$\frac{\partial \ln P^M(P_t^I, P_t^D)}{\partial \ln P_t^I} = \alpha_{0I} + \alpha_{II} \ln P_t^I + \alpha_{ID} \ln P_t^D \qquad (3-25)$$

将 $\alpha_{II} = -\alpha_{ID}$ 带入得

$$\frac{P_t^I M_{it}^I}{P_t^M M_{it}} = \alpha_{0I} - \alpha_{ID} \ln \frac{P_t^I}{P_t^D} \qquad (3-26)$$

进而得到企业出口国内增加值率得表达式为

$$\text{DVAR}_{it} = 1 + \frac{P_t^M M_{it}}{P_{it} Y_{it}} \left(-\alpha_{0I} + \alpha_{ID} \ln \frac{P_t^I}{P_t^D} \right) + \varphi_{it} \qquad (3-27)$$

企业 i 的出口国内增加值率 DVAR_{it} 与进口中间品价格和国内中间品价格之比 P_t^I / P_t^D 成正比。

三、内生差异贸易模型

借鉴 Melitz 和 Ottaviano(2008),假设每个经济体消费者具有相同偏好,效用函数为

$$U = q_0^c + \alpha \int_{i \in \Phi} q_i^c \mathrm{d}i - \frac{\gamma}{2} \int_{i \in \Phi} (q_i^c)^2 \mathrm{d}i \, (q_i^c)^2 \mathrm{d}i - \frac{\eta}{2} \left(\int_{i \in \Phi} q_i^c \mathrm{d}i \right)^2 \qquad (3-28)$$

式中 q_0^c ——消费者对同质产品消费量;

q_i^c ——消费者对差异化产品的消费量;

α、η ——差异化产品和同质产品之间的替代关系,α 越小或 η 越大,表示差异化产品相对同质产品需求越小;

γ ——差异化产品之间的替代关系,其值越接近于 0,表示消费者越只关注差异化产品的消费量,差异化之间的需求是完全替代的。

假定消费者对同质产品的需求大于 0,则差异化产品的反需求函数为

$$P_I = \alpha - \gamma q_i^c - \eta Q^c, \quad Q^c = \int_{i \in \Phi} q_i^c di \qquad (3-29)$$

差异化产品 i 的需求函数为

$$q_i = L q_i^c = \frac{\alpha L}{\eta N + \gamma} - \frac{L}{\gamma} P_I - \frac{\eta N}{\eta N + \gamma} \frac{L}{\gamma} \bar{p} \qquad (3-30)$$

式中 N——差异化产品种类数目,商品的平均价格为 $p = (1/N) \int_{i \in \Phi^*} P_I di$;

Φ^*——集合 Φ 中满足下列子集,即

$$P_I \leq \frac{1}{\eta N + \gamma} (\gamma \alpha + \eta N \bar{p}) = p_{max} \qquad (3-31)$$

假定企业使用劳动力和服务两种生产要素从事生产活动,并在生产要素市场上是价格接受者,生产函数为

$$q = \frac{\chi}{\varphi} L^{1-\mu} X^\mu \qquad (3-32)$$

式中 $\chi = \mu^{-\mu} (1-\mu)^{u-1}$;

$\mu \epsilon (0,1)$——服务投入的密度;

$\varphi \epsilon (\varphi_m, \infty)$——企业从分布函数中随机抽取的企业生产率;

L——劳动;

X——服务;

X 由国内服务 x_D 和国外服务 X_F 组成,即

$$X = (X_D^{\frac{\sigma-1}{\sigma}} + X_F^{\frac{\sigma-1}{\sigma}})^{\frac{\sigma}{\sigma-1}} \qquad (3-33)$$

式中,$\sigma > 1$ 表示国内与国外服务的替代弹性,服务的价格为

$$P_X = [(P_X^D)^{1-\sigma} + (P_X^F)^{1-\sigma}]^{\frac{1}{1-\sigma}} \qquad (3-34)$$

企业的成本函数为

$$TC(q) = \frac{q}{\varphi} \omega^{1-\mu} (P_X)^\mu \qquad (3-35)$$

企业的价格和利润为

$$p(\varphi) = \frac{1}{2} \left[\frac{\omega^{1-\mu} (P_X)^\mu}{\varphi^*} + \frac{\omega^{1-\mu} (P_X)^\mu}{\varphi} \right] \qquad (3-36)$$

$$\pi(\varphi) = \frac{L}{4\gamma} \left[\frac{\omega^{1-\mu} (P_X)^\mu}{\varphi^*} - \frac{\omega^{1-\mu} (P_X)^\mu}{\varphi} \right]^2 \qquad (3-37)$$

当企业处于均衡状态时,预期利润与进入成本相等,可得

$$\int_{\varphi^*}^{\infty} \pi(\varphi) dG(\varphi) = \int_{\varphi^*}^{\infty} \frac{L}{4\gamma} \left[\frac{\omega^{1-\mu} (P_X)^\mu}{\varphi^*} - \frac{\omega^{1-\mu} (P_X)^\mu}{\varphi} \right]^2 dG(\varphi) = F_E \quad (3-38)$$

假设企业生产率服从帕累托分布,可得

$$\varphi^* = \left[\frac{L\ (\omega^{1-\mu}\ (P_X)^\mu)^2\ (\varphi_m)^k}{2(k+1)(k+2)\gamma\ F_E}\right]^{\frac{1}{k+2}} \qquad (3-39)$$

企业出口国内增加值率可表示为

$$\begin{aligned}
\mathrm{DVAR} &= 1 - \frac{P_X^F X_F}{pq} = 1 - \frac{P_X^F X_F}{P_X X}\frac{P_X X}{TC}\frac{TC}{pq} \\
&= 1 - \mu\ \frac{1}{1+\dfrac{\varphi}{\varphi^*}}\ \frac{1}{1+\left(\dfrac{P_X^D}{P_X^F}\right)^{\sigma-1}}
\end{aligned} \qquad (3-40)$$

令 f 表示贸易摩擦,当两个国家或地区发生贸易摩擦后,企业使用来自国外的中间投入品价格将会上升;令 $P_X^F(f)$ 表示贸易摩擦和国外中间品函数,则 $P_X^F = P_X^F(f)$, $\partial P_X^F(f)/\partial f > 0$,企业出口国内增加值率对贸易摩擦求一阶导数,得

$$\begin{aligned}
\frac{\partial \mathrm{DVAR}}{\partial f} &= -\mu\ \frac{1}{1+\left(\dfrac{P_X^D}{P_X^F}\right)^{\sigma-1}}\ \frac{\partial\left(\dfrac{1}{1+\dfrac{\varphi}{\varphi^*}}\right)}{\partial f} \\
&\quad -\mu\ \frac{1}{1+\dfrac{\varphi}{\varphi^*}}\ \frac{1}{\partial f\left[1+\left(\dfrac{P_X^D}{P_X^F}\right)^{\sigma-1}\right]}
\end{aligned} \qquad (3-41)$$

令 $1/(1+\varphi/\varphi^*) = \Theta$, $1 + (P_X^D/P_X^F)^{\sigma-1} = \Lambda$,由 $\partial P_X^F(f)/\partial f > 0$,可知 $\partial\Theta/\partial f > 0$, $\partial\Lambda/\partial f > 0$,可得 $\partial\mathrm{DVAR}/\partial f > 0$,表明贸易摩擦会抑制企业出口国内增加值率。

综上所述,可提出研究假说:贸易摩擦对企业的出口国内增加值率有一定的抑制作用。

第二节 贸易摩擦对企业出口国内增加值率的影响机制

一、成本加成

根据李小帆和马弘(2019)的方法,在生产第一阶段中,生产者利用非制造业中间投入 NZ 和制造业中间投入 Z 生产连续的中间产品 m_k, $k \in (0,1)$。m_k 产品的生产函数为

$$m_k = A_K\ (NZ^\phi + Z^\phi)^{\frac{1}{\varphi}},\varphi < 1 \qquad (3-42)$$

式中　φ——非制造业中间投入和制造业中间投入的替代弹性。

生产的第二阶段,生产者利用连续的中间产品和劳动力生产 j 行业的最终产品,j 行业的生产函数为

$$y(j) = L(j)^{\alpha_j} M(j)^{1-\alpha_j} \qquad (3-43)$$

$$M = \left[\int_0^1 m_k^{\frac{\varepsilon-1}{\varepsilon}} \mathrm{d}k \right]^{\frac{\varepsilon}{\varepsilon-1}} \qquad (3-44)$$

式中 $y(j)$ ——j 行业最终产品的产量。

假设消费者只消费制造业最终产品,效用函数为

$$U = \left[\sum_{j=1}^{J} y(j)^{\sigma} \right]^{\frac{1}{\sigma}} \qquad (3-45)$$

式中 σ ——不同行业产品之间的替代弹性。

假设中间品市场是完全竞争的,中间品价格等于单位成本。首先求解第一阶段中间品 m_k 的生产成本。c_i 表示总的生产成本;g 表示非制造业中间投入 NZ 的价格;$g v_i$ 表示制造业中间投入 Z 的价格。

则总的生产成本关系表达式为

$$c_i = g(1 + v_i^{1-\rho})^{\frac{1}{1-\rho}}, \rho = \frac{1}{1-\Phi} \qquad (3-46)$$

依据 Eaton 和 Kortum(2002)的研究,i 国出口到 n 国的中间品 m 成本服从分布如下

$$c_{ni} \sim G_{ni}(\bar{c}) = pr(c_{ni} \leq \bar{c}) = 1 - e^{-T_i(c_i\lambda d_{ni})^{-\theta} \bar{c}^{\theta}} \qquad (3-47)$$

i 国出口中间品到 n 国的概率或 n 国从 i 国购买连续中间品占其购买所有中间品的比重为

$$\pi_{ni} = \frac{T_i (c_i \lambda d_{ni})^{-\theta}}{\Phi_n} \qquad (3-48)$$

n 国每单位复合产品成本为 M ,则

$$c_{M,n} = \left[\Gamma\left(\frac{\theta - \varepsilon + 1}{\theta} \right) \right]^{\frac{1}{1-\varepsilon}} \times \Phi_n^{\frac{-1}{\theta}} \qquad (3-49)$$

式中 Γ ——伽马函数。

假设 ω_i 为 i 国工资,i 国 j 行业生产者利润最大化的条件为

$$\frac{\omega_i}{c_{M,i}} = \frac{\alpha_j}{1-\alpha_j} \frac{M_i(j)}{L_i(j)}, M_i(j) = \frac{1-\alpha_j}{\alpha_j} \frac{\omega_i}{c_{M,i}} L_i(j) \qquad (3-50)$$

式中 $M_i(j)$ ——j 行业生产者使用复合中间品;

$L_i(j)$ ——j 行业生产者使用的劳动。

j 行业生产者的成本为

$$c_i(j) = \frac{\omega_i L_i(j) + c_{M,i} M_i(j)}{y_i(j)} = \Psi_j \omega_i^{\alpha_j} c_{M,i}^{1-\alpha_j} \qquad (3-51)$$

式中，$\Psi_j = \alpha_j^{-\alpha_j}(1-\alpha_j)^{1-\alpha_j}$，结合最终产品贸易成本 τ_{ni}，n 国从 i 国进口 j 行业的最终产品价格为

$$p_{ni}(j) = \tau_{ni} c_i(j) = \tau_{ni} \Psi_j \omega_i^{\alpha_j} c_{M,i}^{1-\alpha_j} \qquad (3-52)$$

根据消费者效用函数，n 国 j 行业最终产品的最终需求为

$$q_n(j) = E_n \frac{p_n(j)^{-\delta}}{P_n^{1-\delta}} \qquad (3-53)$$

在模型设定下，国内增加值有两个来源，一是第一阶段使用的国内生产投入 NZ 和 Z；二是第二阶段的劳动报酬。根据 Eaton 和 Kortum（2002）的研究将国内贸易成本 d_{ii} 标准化为 1，可得

$$\text{DVAR}_i = \frac{\alpha \sum_{n \neq i} EX_{ni} + \pi_{ii}(1-\alpha)\sum_{n \neq i} EX_{ni}}{\sum_{n \neq i} EX_{ni}}$$

$$= \alpha + (1-\alpha)\frac{T_i(c_i)^{-\theta}}{\sum_{n \neq i} T_n(c_n \lambda d_{ni})^{-\theta} + T_i(c_i)^{-\theta}} \qquad (3-54)$$

对反应全球平均中间品贸易成本的变量 λ 求导，可得

$$\frac{\partial \text{DVAR}_i}{\partial \lambda} = (1-\alpha)\frac{\theta \lambda^{-\theta-1}AB}{(\lambda^{-\theta}A + B)^2} > 0 \qquad (3-55)$$

表明出口国内增加值率 DVAR 随中间品贸易成本减小而降低，贸易成本下降则生产者会从生产率更高的国家进口中间产品，导致出口国内增加值率 DVAR 降低。企业出口国内增加值率对贸易摩擦程度的求导为

$$\frac{\partial \text{DVAR}_i}{\partial v_i} = \frac{\partial \text{DVAR}_i}{\partial B}\frac{\partial B}{\partial c_i}\frac{\partial c_i}{\partial v_i}$$

$$= (1-\alpha)\frac{-\theta \lambda^{-\theta}AB c_i^{\rho-1} v_i^{-\rho}g^{1-\rho}}{(\lambda^{-\theta}A + B)^2} < 0 \qquad (3-56)$$

表明贸易摩擦程度扩大会降低一国制造业出口的国内增加值率。

综上所述，可提出研究假说：贸易摩擦对企业的出口国内增加值率有一定的抑制作用，成本加成越高的企业，受到的抑制作用越大。

二、企业生产率

借鉴 Dixit 和 Stiglitz（1977）垄断竞争模型，将消费者效用函数 U 和预算约束函数 E 定义为

$$U = \left[\int_0^n q(i)^{\frac{1}{\rho}}\mathrm{d}i\right]^\rho, 0 < \rho < 1 \qquad (3-57)$$

$$E = \int_0^n p(i)q(i)\mathrm{d}i \qquad (3-58)$$

式中　q——消费数量；

　　　p——价格；

　　　$q(i)$——消费种类 i 商品的数量；

　　　$p(i)$——消费种类 i 商品的价格；

　　　n——一共有 n 种商品，$i = 1,2,3,\cdots,n$。

任意两种商品替代弹性为 $1/(1-\rho)$。效用最大化的表达式为

$$U_{\max} = \left[\int_0^n q(i)^{\frac{1}{\rho}} \mathrm{d}i\right]^{\rho} \tag{3-59}$$

$$E_{\mathrm{s.t.}} = \int_0^n p(i)q(i)\mathrm{d}i \tag{3-60}$$

效用最大化的一阶条件为边际替代率等于价格比率，可得

$$\frac{q(i)^{\rho-1}}{q(j)^{\rho-1}} = \frac{p(i)}{p(j)} \tag{3-61}$$

将 $q(i) = m(j)[p(i)/p(j)]^{1/(1-\rho)}$ 代入预算条件得

$$q(j) = \frac{p(j)^{\frac{1}{\rho-1}}}{\left[\int_0^n p(i)^{\frac{\rho}{\rho-1}}\mathrm{d}i\right]^{\frac{1}{\rho}}} E \tag{3-62}$$

令 $G = \dfrac{E}{\int_0^n p(i)^{\frac{\rho}{\rho-1}}\mathrm{d}i}$，马歇尔需求函数表达式为

$$p(i) = G^{1-\rho}q(i)^{\rho-1} \tag{3-63}$$

借鉴 Dixit 和 Stiglitz(1977) 垄断竞争模型，要素替代弹性是常数的生产函数：

$$q = \varphi\left\{\int[\lambda(i)M(i1)]^{\sigma}\mathrm{d}i\right\}^{\frac{1}{\sigma}} \tag{3-64}$$

式中　M——生产要素或中间投入品；

　　　$M(i)$——i 种生产要素或中间投入品投入；

　　　λ——生产要素或中间投入品的产出效率。

任意生产要素或中间投入品的替代弹性是 $1/(1-\sigma)$，σ 值越大表示生产要素或中间投入品之间的替代性越高；σ 值越小表示生产要素或中间投入品之间的替代性越低，企业收益函数为

$$R = pq = G^{1-\rho}\varphi^{\rho}\left\{\int[\lambda(i)M(i)]^{\sigma}\mathrm{d}i\right\}^{\frac{\rho}{\sigma}} \tag{3-65}$$

生产要素和中间投入品包含资本 K、劳动 L、高级劳动 H 和中间投入品 I，生产函数可具体化为

$$q = \varphi[K^{\sigma} + L^{\sigma} + (\eta H)^{\sigma} + (\mu I)^{\sigma}]^{\frac{1}{\sigma}} \tag{3-66}$$

产量约束下的最小成本为

$$C_{\min} = rK + w_L L + w_H H(1 + v) + P_I I(1 + \tau) \qquad (3-67)$$

$$q_{s.t.} = \varphi^{\sigma} \left[K^{\sigma} + L^{\sigma} + (\eta H)^{\sigma} + (\mu I)^{\sigma} \right]^{\frac{1}{\sigma}} \qquad (3-68)$$

式中　v ——企业跨地区或国家引入高级劳动的成本；

　　　τ ——企业跨地区或国家引入的中间投入品成本。

依据成本最小化原则的一阶条件,得

$$L = w_L^{\frac{1}{\sigma-1}} \left\{ r^{\frac{\sigma}{\sigma-1}} + w_L^{\frac{\sigma}{\sigma-1}} + \left[\frac{w_H(1+v)}{\eta} \right)^{\frac{\sigma}{\sigma-1}} + \left[\frac{P_I(1+\tau)}{\mu} \right]^{\frac{\sigma}{\sigma-1}} \right\}^{-\frac{1}{\sigma}} q \varphi^{-1}$$
$$(3-69)$$

$$H = \left[\frac{w_H(1+v)}{\eta} \right]^{\frac{1}{\sigma-1}} \left\{ r^{\frac{\sigma}{\sigma-1}} + w_L^{\frac{\sigma}{\sigma-1}} + \left[\frac{w_H(1+v)}{\eta} \right]^{\frac{\sigma}{\sigma-1}} + \left[\frac{P_I(1+\tau)}{\mu} \right)^{\frac{\sigma}{\sigma-1}} \right\}^{-\frac{1}{\sigma}} q \varphi^{-1}$$
$$(3-70)$$

$$I = \left[\frac{I(1+\tau)}{\mu} \right]^{\frac{1}{\sigma-1}} \left\{ r^{\frac{\sigma}{\sigma-1}} + w_L^{\frac{\sigma}{\sigma-1}} + \left[\frac{w_H(1+v)}{\eta} \right]^{\frac{\sigma}{\sigma-1}} + \left[\frac{P_I(1+\tau)}{\mu} \right]^{\frac{\sigma}{\sigma-1}} \right\}^{-\frac{1}{\sigma}} q \varphi^{-1}$$
$$(3-71)$$

由此可得,边际要素需求函数和总成本函数如下:

$$\frac{\partial K}{\partial q} = r^{\frac{1}{\sigma-1}} \left\{ r^{\frac{\sigma}{\sigma-1}} + w_L^{\frac{\sigma}{\sigma-1}} + \left[\frac{w_H(1+v)}{\eta} \right]^{\frac{\sigma}{\sigma-1}} + \left[\frac{P_I(1+\tau)}{\mu} \right]^{\frac{\sigma}{\sigma-1}} \right\}^{-\frac{1}{\sigma}} \varphi^{-1}$$
$$(3-72)$$

$$\frac{\partial L}{\partial q} = w_L^{\frac{1}{\sigma-1}} \left\{ r^{\frac{\sigma}{\sigma-1}} + w_L^{\frac{\sigma}{\sigma-1}} + \left[\frac{w_H(1+v)}{\eta} \right]^{\frac{\sigma}{\sigma-1}} + \left[\frac{P_I(1+\tau)}{\mu} \right]^{\frac{\sigma}{\sigma-1}} \right\}^{-\frac{1}{\sigma}} \varphi^{-1}$$
$$(3-73)$$

$$\frac{\partial H}{\partial q} = \left[\frac{w_H(1+v)}{\eta} \right]^{\frac{1}{\sigma-1}} \left\{ r^{\frac{\sigma}{\sigma-1}} + w_L^{\frac{\sigma}{\sigma-1}} + \left[\frac{w_H(1+v)}{\eta} \right]^{\frac{\sigma}{\sigma-1}} + \left[\frac{P_I(1+\tau)}{\mu} \right]^{\frac{\sigma}{\sigma-1}} \right\}^{-\frac{1}{\sigma}} \varphi^{-1}$$
$$(3-74)$$

$$\frac{\partial I}{\partial q} = \left[\frac{I(1+\tau)}{\mu} \right]^{\frac{1}{\sigma-1}} \left\{ r^{\frac{\sigma}{\sigma-1}} + w_L^{\frac{\sigma}{\sigma-1}} + \left[\frac{w_H(1+v)}{\eta} \right]^{\frac{\sigma}{\sigma-1}} + \left[\frac{P_I(1+\tau)}{\mu} \right]^{\frac{\sigma}{\sigma-1}} \right\}^{-\frac{1}{\sigma}} \varphi^{-1}$$
$$(3-75)$$

$$C = \left\{ r^{\frac{\sigma}{\sigma-1}} + w_L^{\frac{\sigma}{\sigma-1}} + \left[\frac{w_H(1+v)}{\eta} \right]^{\frac{\sigma}{\sigma-1}} + \left[\frac{P_I(1+\tau)}{\mu} \right]^{\frac{\sigma}{\sigma-1}} \right\}^{\frac{\sigma-1}{\sigma}} q \varphi^{-1} \quad (3-76)$$

企业利润函数为

$$\pi = R - C \qquad (3-77)$$

进一步可得

$$\pi = R - C = G^{1-\rho} q^{\rho} - \left\{ r^{\frac{\sigma}{\sigma-1}} + w_L^{\frac{\sigma}{\sigma-1}} + \left[\frac{w_H(1+\upsilon)}{\eta}\right]^{\frac{\sigma}{\sigma-1}} + \left[\frac{P_I(1+\tau)}{\mu}\right]^{\frac{\sigma}{\sigma-1}} \right\}^{\frac{\sigma-1}{\sigma}} q \, \varphi^{-1}$$

$$(3-78)$$

利润最大化的一阶条件,得

$$\frac{\partial \pi}{\partial q} = \rho \, G^{1-\rho} q^{\rho-1} - \left\{ r^{\frac{\sigma}{\sigma-1}} + w_L^{\frac{\sigma}{\sigma-1}} + \left[\frac{w_H(1+\upsilon)}{\eta}\right]^{\frac{\sigma}{\sigma-1}} + \left[\frac{P_I(1+\tau)}{\mu}\right]^{\frac{\sigma}{\sigma-1}} \right\}^{\frac{\sigma-1}{\sigma}} = 0$$

$$(3-79)$$

最优产量为

$$q^* = \rho^{\frac{1}{1-\rho}} \varphi^{\rho} G \left\{ r^{\frac{\sigma}{\sigma-1}} + w_L^{\frac{\sigma}{\sigma-1}} + \left[\frac{w_H(1+\upsilon)}{\eta}\right]^{\frac{\sigma}{\sigma-1}} + \left[\frac{P_I(1+\tau)}{\mu}\right]^{\frac{\sigma}{\sigma-1}} \right\}^{\frac{\sigma-1}{\sigma(\rho-1)}}$$

$$(3-80)$$

令 $B = r^{\frac{\sigma}{\sigma-1}} + w_L^{\frac{\sigma}{\sigma-1}} + \left[\frac{w_H(1+\upsilon)}{\eta}\right]^{\frac{\sigma}{\sigma-1}} + \left[\frac{P_I(1+\tau)}{\mu}\right]^{\frac{\sigma}{\sigma-1}}$,由此可得

$$q^* = (\rho\varphi)^{\frac{1}{1-\rho}} G \, B^{\frac{\sigma-1}{\sigma(\rho-1)}} \qquad (3-81)$$

最优产量 q^* 中包含企业生产率 φ、跨国家或地区引入高级劳动的成本 υ,跨国家或地区引入的中间投入品成本 τ。当两个或多个国家或地区之间发生贸易摩擦后必定会引起跨国家或地区引入高级劳动和中间投入品成本的提高,尤其是当企业受到针对时,对企业生产率 φ、跨国家或地区引入高级劳动的成本 υ,跨国家或地区引入的中间投入品成本 τ,求一阶导数得

$$\frac{\partial q^*}{\partial \upsilon} = \frac{1}{1-\rho} (\rho\varphi)^{\frac{1}{1-\rho}} A \, B^{\frac{2\sigma-1-\sigma\rho}{\sigma(\rho-1)}} \left[\frac{w_H(1+\upsilon)}{\eta}\right]^{\frac{1}{\sigma-1}} \frac{w_H}{\eta} < 0 \qquad (3-82)$$

$$\frac{\partial q^*}{\partial \tau} = \frac{1}{1-\rho} (\rho\varphi)^{\frac{1}{1-\rho}} A \, B^{\frac{2\sigma-1-\sigma\rho}{\sigma(\rho-1)}} \left[\frac{I(1+\tau)}{\mu}\right]^{\frac{1}{\sigma-1}} \frac{I}{\mu} < 0 \qquad (3-83)$$

$$\frac{\partial q^*}{\partial \varphi} = \frac{1}{1-\rho} \rho^{\frac{1}{1-\rho}} \varphi^{\frac{\rho}{1-\rho}} A \, B^{\frac{\sigma-1}{\sigma(\rho-1)}} > 0 \qquad (3-84)$$

跨国家或地区引入高级劳动的成本 υ 和中间投入品成本 τ 越高,企业利润最大化下的最优产量越低,企业生产率的提高有利于企业利润最大化下的最优产量的增加,企业最优产量的变化势必会影响企业的出口国内增加值率,并与其呈正相关关系。

综上所述,可提出研究假说:贸易摩擦对企业的出口国内增加值率会带来一定的抑制作用,生产率越高的企业受到的抑制作用越小。

三、其他渠道

由于企业对外贸易进入门槛较低,低出口质量的企业竞争者较多,市场定价能

力弱,当这部分企业遭遇贸易摩擦时,可能会放弃技术创新和质量升级。企业在遭遇贸易摩擦后,出口产品进入国外市场的质量门槛会提高。如果质量水平较低的生产企业想继续维持出口,那么其出口产品质量需要具有较大幅度的提升。但是对质量水平较低的生产企业来说,这具有一定的难度,为了维持利润水平,这些企业不得不进一步压缩生产成本,替换廉价原料或生产方式,从而导致企业的出口国内增加值率降低。

高出口质量的企业具有较小的需求弹性,当遭遇贸易摩擦时,面临的需求也下降得更少,从而维持出口状态的可能性也更高。当面临成本上升、需求下降等负面冲击时,质量较低的企业和产品将会退出市场,通过这种净化效应,资源得以重新配置。

综上所述,可提出研究假说:企业退出和高出口质量有助于弱化贸易摩擦对企业出口国内增加值率的抑制作用。

第三节　本 章 小 结

对于贸易摩擦和出口国内增加值率的研究,本章使用多种数理模型推导得出贸易摩擦对企业出口国内增加值率的理论模型。

首先,在企业异质性模型中,将中间品投入嵌入到 Melitz(2003)的异质性企业框架中,构建贸易摩擦对企业出口国内增加值率的理论模型;在超越对数成本模型中,基于 Kee 和 Tang(2016)的理论模型,推导得出贸易摩擦对企业出口国内增加值率的影响;在内生差异贸易模型中,基于 Melitz 和 Ottaviano(2008)的模型构建一个考察贸易摩擦对企业出口国内增加值率的理论模型,得出贸易摩擦对企业的出口国内增加值率有一定的抑制作用,企业出口国内增加值率与进口中间品价格和国内中间品价格之比呈正比的结论。

然后,借鉴李小帆和马弘(2019)的方法在经典的李嘉图比较优势模型中加入两阶段生产,通过求导分析得出贸易摩擦对企业出口国内增加值率的影响作用。结果表明,企业的出口国内增加值率 DVAR 随中间品贸易成本减小而降低。贸易成本下降,则生产者会从生产率更高的国家进口中间产品,导致出口国内增加值率 DVAR 降低,表明贸易摩擦程度扩大会降低一国制造业出口中的国内增加值率。据此提出研究假说:"贸易摩擦对企业的出口国内增加值率有一定的抑制作用,成本加成越高的企业,受到的抑制作用越大"。

最后,基于 Dixit – Stiglitz(1977)的垄断竞争模型,参考全球价值链的相关研究文献,构建贸易摩擦对企业出口国内增加值率的理论模型。通过分析发现,跨国家或地区引入高级劳动的成本和中间投入品成本越高,企业利润最大化下的最优产量也越低,企业生产率的提高有利于企业利润最大化下的最优产量的增加,企业最优产量的变化势必会影响企业的出口国内增加值率,并与其呈正相关关系,贸易摩擦将会对企业出口国内增加值率带来不利影响。据此提出研究假说,"贸易摩擦会对企业的出口国内增加值率有一定的抑制作用,生产率越高的企业受到的抑制作用越小"。

第四章 贸易摩擦频率对企业
出口国内增加值率的影响

中国随着经济的快速增长和发展,与世界各国的贸易摩擦频率也日益增多。例如2021年6月,海合会对来自中国进口的铝合金产品反倾销案做出终裁决定征税[①];英国企业对中国铝挤压材发起反倾销立案调查[②],贸易摩擦频率对企业出口国内增加值率会带来一定影响。

本章在此基础之上,使用中国海关数据库、工业企业数据、世界银行临时性贸易壁垒数据库[③]等匹配数据,对理论模型中的研究命题进行检验。其他的结构安排如下:第一节是实证回归结果,包括模型设定、变量选取和数据来源与处理;第二节是实证回归结果与分析,包括基准回归结果、稳健性检验、内生性检验和机制分析;第三节是企业异质性分析,包括要素密集度异质性、所有制企业异质性、技术水平异质性、贸易方式异质性和东中西部地区异质性;第四节是扩展分析:世界投入产出表数据库下宏观层面的检验;第五节是本章小结。

第一节 模型设定与数据处理

一、模型设定

对于如何衡量贸易摩擦频率程度,本章参考余振等(2018)、余振和陈鸣(2019)、杨飞等(2018)、张先锋等(2018)的做法,以世界主要国家对中国的反倾销调查频率作为代理变量量化贸易摩擦频率,即世界主要国家对中国的反倾销调查频率越高,代表贸易摩擦频率程度越高,反之则越低。为检验异质性下贸易摩擦频

---

① 信息来源于商务部贸易救济调查局,2021年6月15日,海合会国际贸易反损害行为技术秘书局对来自中国进口的铝合金产品反倾销案做出终裁,决定自2021年7月22日起征税,税率为33%,期限为5年。

② 信息来源于中国贸易救济信息网,2021年6月21日英国贸易救济署(TRA)发布公告,应英国企业提交的申请,对原产于中国的铝挤压材发起反倾销立案调查。涉案产品的英国海关编码为76041010、76041090、76042100、76042910、76042990、76081000、76082081、76082089和76109090。涉案产品为铝含量不超过99.3%的合金或非合金铝制棒材、管材、型材,以及无论是否经过截取、钻孔、弯曲、螺纹等处理的铝挤压材。本案倾销调查期为2020年6月1日—2021年5月31日,损害调查期为2017年6月1日—2021年5月31日。

③ 临时性贸易壁垒数据库,简称TTBD,包含世界主要国家的反倾销数据。

率对出口国内增加值率的影响,本节借鉴了刘斌和赵晓斐(2020)的研究,构建如下计量模型,即

$$DVAR_{it} = \beta_0 + \beta_1 INIT_{it} + \beta_2 Controls_{it} + v_i + v_t + v_j + v_k + \varepsilon_{it} \quad (4-1)$$

控制变量的集合为

$$Controls_{it} = Owner_{it} + lfp_{it} + ksize_{it} + EXP_{it} + HHI_{it} + age_{it} + age^2_{it} \quad (4-2)$$

被解释变量,即企业 i 在 t 年的出口增加值率,用 $DVAR_{it}$ 表示; $INIT_{it}$ 为贸易摩擦频率指标,是本章的核心解释变量[①],用企业所遭受的反倾销调查频率来表示, $Controls_{it}$ 是控制变量, v_i 是企业固定效应, v_t 是时间固定效应, v_j 是行业固定效应, v_k 是省份固定效应, ε_{it} 为随机干扰项。为进一步探究企业出口国内增加值率是如何通过贸易摩擦频率来传导的演变过程,借鉴张杰和杨连星(2016)的做法,构建调节效应模型如下:

$$DVAR_{it} = \beta_0 + \beta_1 INIT_{it} + \beta_2 INIT_{it} \times Ad\_var_{it} + \beta_3 Controls_{it} + v_i + v_t + v_j + v_k + \varepsilon_{it} \quad (4-3)$$

调节效应模型在基础计量方程的基础上,加入了企业所遭受的反倾销调查频率 $INIT_{it}$ 与调节变量 Ad_var_{it} 的交互项,关注交互项的系数可以判断调节变量 Ad_var_{it} 对反倾销调查频率的调节作用。

二、变量选取

为进一步提高估计结果的准确性,需在计量模型中加入一系列控制变量,根据既有理论和相关研究文献,主要考虑将以下因素作为控制变量。

(1)企业的所有制($Owner_{it}$)。 $Owner_{it}$ 表示企业 i 在 t 年的所有制情况[②],参考聂辉华等(2012)、沈国兵和袁征宇(2020)的做法,若企业 i 在 t 年是外资企业,[③]则 $Owner_{it}$ 的值设为1,若不是则设为0。

(2)企业的规模($ksize_{it}$)。 $ksize_{it}$ 表示企业 i 在 t 年的企业规模,参考李泽鑫等(2021)的做法,用企业总资产的对数进行衡量。

(3)企业的劳动生产率(lfp_{it})。 lfp_{it} 表示企业 i 在 t 年的劳动生产率,参考张盼盼等(2020)的做法,用企业人均总产值并取对数表示。

---

① 这里之所以用反倾销调查频率作为贸易摩擦的量化形式之一,主要是考虑与现有同类研究文献保持一致,以使研究结论具有一定可比性。除此之外,本书也尝试使用中国的进口关税作为贸易摩擦的量化指标。

② 根据中国工业企业数据库中的分类标准,依照企业所有制情况主要分为国有企业、外商独资企业、中外合资企业、私营企业和集体企业共5个大类,本书不考虑其他类型企业的样本。

③ 外资企业包含外商独资企业和中外合资企业。

（4）企业的经营年限（ age_{it} ）。 age_{it} 表示企业 i 在 t 年的经营年限,用企业所在年份减去企业成立年限即存续年限来表示。

（5）企业的出口强度（ EXP_{it} ）。 EXP_{it} 表示企业 i 在 t 年的出口强度,参考李泽鑫等(2021)的做法,用企业出口额占企业工业销售总产值的比重来表示。

（6）企业所处的行业集中度（ HHI_{it} ）。 HHI_{it} 表示企业 i 在 t 年所处的行业集中度,参考毛其淋(2019)的做法,选取行业赫芬达尔指数来表示行业的竞争状况, $HHI_{jt} = \sum_{i \in I_j} (sale_{it} / sale_{jt})^2$ 。其中, $sale_{it}$ 表示企业 i 在 t 年的产品销售额 $sale_{jt}$ 表示行业 j 在 t 年的产品销售额 I_j 表示行业 j 内的企业集合,该指标数值越大,表明行业的市场集中度越大,行业竞争程度越低,数值越小则反之。

三、数据来源与处理

本章主要涉及三组数据:一是中国工业企业数据库,数据来源于国家统计局,目前的数据包含了 1998—2013 年的数据;二是中国海关数据库,中国海关总署的产品层面交易数据记载了 2000—2013 年企业的每一条进出口交易信息;三是反倾销数据,来源于世界银行全球反倾销数据库,该数据库包含了全球所有国家在 1985—2015 年对外发起反倾销的数据,本书根据其整理出全球对华反倾销数据。所以本章的样本期间为 2000—2013 年,共包含 14 年的样本数据。

以反倾销调查频率量化的贸易摩擦频率数据库的数据来源于世界贸易组织[1]下的临时性贸易壁垒数据库[2]。临时性贸易壁垒数据库中统计的是产品层面的贸易摩擦频率事件,以进出口商品编码 HS 进行编撰,数据库详细记录了贸易摩擦频率事件的开始时间、结束时间,以及涉及行业等相关信息的原始数据。首先,确定并选取了能够反映贸易摩擦频率的指标,分别是反倾销调查 INIT[3]、初步判定损害 PI[4]、初步判定倾销 PD[5] 和最终判定倾销 FD[6]。根据案件标识码和年份标识码匹配产品层面和案件的数据,得到四种上述指标的详细数据[7]。

在完成工业企业数据库和海关数据库的整理工作后,还需要将两大微观数据库合并。由于两个数据库所采用的企业代码不同,因此不能直接通过企业代码合

---

[1] 英文缩写为 WTO。

[2] 英文缩写为 TTBD。

[3] 源数据库中缩写为 INIT_DATE,本书为便于实证分析,缩写为 INIT。

[4] 源数据库中缩写为 P_INJ_DATE,本书为便于实证分析,缩写为 PI。

[5] 源数据库中缩写为 P_DUMP_DATE,本书为便于实证分析,缩写为 PD。

[6] 源数据库中缩写为 F_DUMP_DATE,本书为便于实证分析,缩写为 FD。

[7] 有关世界各国及美国对华反倾销的详细数据情况,见附录"各国对华反倾销调查产品种类数目""各国对华初步判定损害产品种类数目""各国对华初步判定倾销产品种类数目""各国对华最终判定倾销产品种类数目"和"美国在四种倾销中的占比"。

并,需要借助其他信息实现两大数据库的合并,此处参照了田巍和余淼杰(2014)的方法对数据进行了合并。通过两种方法来实现两套数据库中企业的对应。首先,直接用企业名称对数据库进行合并;其次,在此基础上,用企业所在地的邮政编码以及企业电话号码的后七位来识别两套数据库中相同的企业;最后,根据进出口商品编码 HS 标识码和年份码与临时性贸易壁垒数据库匹配,获得最终成功匹配数据。表 4 - 1 为主要变量描述性统计,共匹配得到 397 528 个样本。

表 4 - 1　主要变量描述性统计

变量	样本数	平均值	标准差	最小值	最大值
DVAR	397 528	0.644 7	0.397 6	0	1
INIT	397 528	1.335 0	9.891 0	0	945
owner	397 528	0.569 0	0.495 0	0	1
lfp	397 528	5.633 0	1.070 0	-6.500	15.053
ksize	397 528	10.633 0	1.490 0	0	19.138
exp	397 528	0.446 0	0.408 0	0	1
HHI	397 528	0.012 0	0.052 0	0.001	0.724
age	397 528	2.101 0	0.679 0	0	7.604
age^2	397 528	4.874 0	2.870 0	0	57.827

第二节　实证回归结果与分析

一、基准回归结果

内生性的来源之一为遗漏重要解释变量,如果遗漏了这些因素可能会导致估计产生内生性问题,为了缓解因遗漏变量而引致的内生性问题,本书已在回归模型中尽量加入多个控制变量,并且分情况控制了非观测的企业固定效应、年份固定效应、行业固定效应和省份固定效应。表 4 - 2 所示为贸易摩擦频率与出口国内增加值率的基准回归结果。第(1)列为没有控制任何固定效应的回归结果,第(2)至(5)列分别为逐次控制了企业固定效应、时间固定效应、行业固定效应和省份固定效应的回归结果。反倾销调查频率的系数值稳定在 -0.07 ~ -0.04 之间,系数符号和显著性水平未发生较大变化说明贸易摩擦频率对出口增加值率的影响方向较为稳健,并均通过 1% 水平的显著性检验,说明当企业受到反倾销调查的频率增加时,企业的出口国内增加值率将会显著降低,即贸易摩擦频率对出口国内增加值率具有显著抑制作用,较好地验证了前面的研究假说。

表 4 – 2 基准回归结果

变量	(1)	(2)	(3)	(4)	(5)
INIT	– 0.062 7***	– 0.062 9***	– 0.044 4***	– 0.046 2***	– 0.047 6***
	(0.005 5)	(0.005 5)	(0.005 5)	(0.005 5)	(0.005 5)
owner	5.201 8***	5.139 3***	3.769 4***	3.765 5***	3.105 9***
	(0.129 0)	(0.129 1)	(0.131 1)	(0.131 1)	(0.132 1)
lfp	2.228 3***	2.217 2***	1.056 6***	1.078 6***	0.826 4***
	(0.066 6)	(0.066 5)	(0.068 1)	(0.068 1)	(0.068 3)
ksize	– 1.787 6***	– 1.783 5***	– 1.546 1***	– 1.477 4***	– 1.430 2***
	(0.048 6)	(0.048 6)	(0.049 9)	(0.050 3)	(0.050 2)
exp	– 1.603 8***	– 1.589 1***	– 0.534 2***	– 0.638 4***	– 0.500 0***
	(0.164 0)	(0.164 0)	(0.166 8)	(0.167 1)	(0.166 9)
HHI	– 4.634 0***	– 4.635 3***	– 3.101 2***	– 2.137 2*	– 2.236 0*
	(1.236 1)	(1.235 9)	(1.253 6)	(1.256 6)	(1.254 5)
age^2	– 0.961 5***	– 0.959 9***	– 0.664 3***	– 0.663 3***	– 0.616 8***
	(0.083 6)	(0.083 6)	(0.083 5)	(0.083 5)	(0.083 4)
常数项	52.422 8***	51.305 3***	38.317 6***	38.754 6***	37.110 0***
	(0.623 0)	(0.631 9)	(0.745 5)	(0.746 5)	(0.746 6)
企业固定效应	不控制	控制	控制	控制	控制
时间固定效应	不控制	不控制	控制	控制	控制
行业固定效应	不控制	不控制	不控制	控制	控制
省份固定效应	不控制	不控制	不控制	不控制	控制
样本数	397 528	397 528	397 528	397 528	397 528
R – squared	0.018 9	0.019 2	0.037 2	0.037 4	0.040 7

注:圆括号内数值为标准误,*、**、***分别表示10%、5%和1%的显著性水平。下表同。

从控制变量的估计结果来看:企业所有制 Owner 的系数值、正负符号较为稳定,并在不同的估计方程下均通过1%水平的显著性检验,表明当非外资企业数量增多时,有利于出口国内增加值率的提高;当外资企业数量减少时,将会降低企业整体出口国内增加值率。企业劳动生产率 lfp 的系数值为正数值且较为稳定,并在不同的估计方程下均通过 1% 水平的显著性检验,表明当企业的劳动生产率提高时,有利于促进出口国内增加值率的提高。企业的经营年限 age 和经营年限的二次方 age^2 的符号分别为正和负,且较为稳定并均通过 1% 水平的显著性检验,说明企业的经营年限和出口国内增加值率呈一条开口向下的抛物线关系,当企业的出口国内增加值率未达到峰值前,企业的经营年限增加有利于提高出口国内增加值率,当企业的出口国内增加值率达到峰值后,企业的经营年限增加对出口国内增加值率存在抑制作用。企业的出口强度 exp 的估计系数显著为负,并在不同的估计方程下均通过 1% 水平的显著性检验,说明企业的出口强度提高对其出口国内增加值率具有负向作用。企业所处的行业集中度 HHI 的符号为负且较为稳定,在控制了企业固定效应和年份固定效应后,通过 5% 水平的显著性检验;在控制了企业固定效应、年份固定效应、行业固定效应和在此基础上控制了省份固定效应后,通过 10% 水平的显著性检验。其整体上通过了显著性检验,说明企业所处的行业竞争程度越高,越利于提高出口国内增加值率。

二、稳健性检验

根据美国反倾销调查的法律框架[①],损害是指被调查产品的倾销进口对美国国内产业造成的实质损害、实质损害的威胁或实质阻碍。美国的反倾销法对因果关系的定义极为宽松,即只要被调查产品的进口是国内产业损害的一个原因,因果关系就可以成立。可见,美国反倾销法将因果关系规定为一般原因,因而该要件在实践中很容易满足。在确定国内产业的损害时,重点考察同类产品[②]、国内产业和地区产业[③]、损害构成要件[④]及累积评估[⑤]等几个方面。与其他各国反倾销法一致,美国反倾销法也将倾销与损害之间的因果关系作为采取反倾销措施需要满足的要件之一。贸易伙伴国对中国某行业发起反倾销调查后,可初步判定中国该行业对其造成的实质性损害,并对企业出口国内增加值率带来一定影响。

---

① 美国反倾销成文法包括两部分:一为国会通过的立法;二为反倾销主管机构制定的部门规章。

② 美国《1930 年关税法》规定,国内同类产品是指与被调查产品相同的产品,如果没有相同产品,则为在特征和用途上极为相似的产品。美国际贸易委员会在确定同类产品时主要考虑产品的物理特征、产品在市场上的最终用途、产品间的可替换程度和产品的销售渠道等因素。在确定了国内同类产品的范围之后,美国国际贸易委员会将进一步确定同类产品的种类,进而最终确定需要进行损害调查的国内产业范围。

③ 美国《1930 年关税法》规定,"国内产业"通常指代表美国国内相同或类似产品的全部生产商,或者其总产量占国内相同或类似产品全部总产量主要部分的生产商。

④ 美国国际贸易委员会在确定是否存在损害时,应考虑进口被调查产品对国内产业造成的影响。

⑤ 累积评估指的是美国调查机构在进行产业损害调查时,把来自不同出口国,或同一出口国不同出口商的进口被调查产品对国内产业造成的影响进行累积综合评估,以确定被调查产品的进口是否对国内产业造成了损害。

表4-3所示为以反倾销初步判定损害为代理变量的贸易摩擦频率对出口国内增加值率影响的回归结果。第(1)列为没有控制任何固定效应的回归结果;第(2)~(5)列分别为逐次控制了企业固定效应、时间固定效应、行业固定效应和省份固定效应的回归结果。贸易摩擦频率的系数值稳定在-0.03~-0.02,系数符号和显著性水平未发生较大变化,说明贸易摩擦频率对出口增加值率的影响方向较为稳健,并均通过1%水平的显著性检验,说明当企业受到反倾销初步判定损害增加时,企业的出口国内增加值率将会显著降低,即贸易摩擦频率对出口国内增加值率具有显著抑制作用。这和使用企业受到的反倾销调查频率作为核心解释变量的结果一致,进一步验证了结果的稳健性。

表4-3　稳健性检验:更换解释变量为初步判定损害频率

变量	(1)	(2)	(3)	(4)	(5)
PI	-0.027 0***	-0.027 3***	-0.023 6***	-0.024 7***	-0.027 1***
	(0.006 6)	(0.006 6)	(0.006 6)	(0.006 6)	(0.006 6)
owner	5.237 2***	5.174 9***	3.780 1***	3.776 7***	3.117 4***
	(0.129 0)	(0.129 1)	(0.131 1)	(0.131 1)	(0.132 1)
lfp	2.243 2***	2.232 2***	1.063 9***	1.085 8***	0.834 0***
	(0.066 5)	(0.066 5)	(0.068 1)	(0.068 1)	(0.068 3)
ksize	-1.819 4***	-1.815 3***	-1.569 1***	-1.502 6***	-1.455 2***
	(0.048 6)	(0.048 6)	(0.049 8)	(0.050 2)	(0.050 2)
exp	-1.674 4***	-1.659 8***	-0.580 8***	-0.684 7***	-0.545 9***
	(0.163 9)	(0.163 9)	(0.166 8)	(0.167 0)	(0.166 8)
HHI	-4.592 7***	-4.593 9***	-3.100 7***	-2.154 8*	-2.252 9*
	(1.236 3)	(1.236 1)	(1.253 7)	(1.256 7)	(1.254 6)
age	10.362 1***	10.362 7***	8.378 3***	8.329 9***	8.182 0***
	(0.355 8)	(0.355 7)	(0.357 9)	(0.357 9)	(0.357 3)
age^2	-0.956 9***	-0.955 3***	-0.657 5***	-0.656 3***	-0.609 9***
	(0.083 6)	(0.083 6)	(0.083 5)	(0.083 5)	(0.083 4)
常数项	52.616 6***	51.502 3***	38.449 2***	38.882 4***	37.231 0***
	(0.623 1)	(0.632 1)	(0.746 0)	(0.747 1)	(0.747 2)
企业固定效应	不控制	控制	控制	控制	控制

表 4 - 3(续)

变量	(1)	(2)	(3)	(4)	(5)
时间固定效应	不控制	不控制	控制	控制	控制
行业固定效应	不控制	不控制	不控制	控制	控制
省份固定效应	不控制	不控制	不控制	不控制	控制
样本数	397 528	397 528	397 528	397 528	397 528
R - squared	0.018 6	0.018 9	0.037 0	0.037 3	0.040 5

贸易伙伴国对中国某行业发起反倾销调查后,初步判定中国该行业存在的倾销行为会对企业的出口国内增加值率带来一定影响。表 4 - 4 所示为以初步判定倾销为代理变量的贸易摩擦频率对企业出口国内增加值率影响的回归结果。第(1)列为没有控制任何固定效应的回归结果;第(2)~(5)列分别为逐次控制了企业固定效应、时间固定效应、行业固定效应和省份固定效应的回归结果。贸易摩擦频率的系数值稳定在 - 0.04 ~ - 0.03,系数符号和显著性水平未发生较大变化,说明贸易摩擦频率对出口增加值率的影响方向较为稳健,并均通过 1% 水平的显著性检验,说明当企业受到初步判定倾销增加时,企业的出口国内增加值率将会显著降低,即贸易摩擦频率对出口国内增加值率具有显著抑制作用。这和使用企业受到的反倾销调查频率作为核心解释变量的结果一致,进一步验证了结果的稳健性。

表 4 - 4　稳健性检验:更换解释变量为初步判定倾销频率

变量	(1)	(2)	(3)	(4)	(5)
PD	- 0.040 1***	- 0.040 4***	- 0.032 7***	- 0.033 7***	- 0.035 8***
	(0.006 6)	(0.006 6)	(0.006 6)	(0.006 6)	(0.006 5)
owner	5.229 5***	5.167 1***	3.777 8***	3.774 4***	3.115 0***
	(0.129 0)	(0.129 1)	(0.131 1)	(0.131 1)	(0.132 1)
lfp	2.242 5***	2.231 4***	1.063 8***	1.085 7***	0.833 8***
	(0.066 5)	(0.066 5)	(0.068 1)	(0.068 1)	(0.068 3)
ksize	- 1.813 1***	- 1.809 0***	- 1.563 8***	- 1.497 2***	- 1.449 9***
	(0.048 6)	(0.048 6)	(0.049 8)	(0.050 2)	(0.050 2)
exp	- 1.660 9***	- 1.646 3***	- 0.569 7***	- 0.673 8***	- 0.535 4***
	(0.163 9)	(0.163 9)	(0.166 8)	(0.167 0)	(0.166 8)

表 4 - 4（续）

变量	(1)	(2)	(3)	(4)	(5)
HHI	-4.595 8***	-4.597 0***	-3.094 3**	-2.146 2*	-2.244 4*
	(1.236 2)	(1.236 1)	(1.253 7)	(1.256 7)	(1.254 6)
age	10.361 6***	10.362 1***	8.385 8***	8.337 3***	8.189 3***
	(0.355 7)	(0.355 7)	(0.357 9)	(0.357 9)	(0.357 3)
age²	-0.957 5***	-0.956 0***	-0.659 3***	-0.658 1***	-0.611 6***
	(0.083 6)	(0.083 6)	(0.083 5)	(0.083 5)	(0.083 4)
常数项	52.570 0***	51.454 7***	38.389 9***	38.824 1***	37.175 1***
	(0.623 0)	(0.632 0)	(0.746 0)	(0.747 0)	(0.747 1)
企业固定效应	不控制	控制	控制	控制	控制
时间固定效应	不控制	不控制	控制	控制	控制
行业固定效应	不控制	不控制	不控制	控制	控制
省份固定效应	不控制	不控制	不控制	不控制	控制
样本数	397 528	397 528	397 528	397 528	397 528
R - squared	0.018 7	0.018 9	0.037 1	0.037 3	0.040 5

　　贸易伙伴国对中国某行业发起反倾销调查后,最终确定中国该行业存在倾销行为会对企业的出口国内增加值率带来一定影响。表 4 - 5 所示为以最终确定中国该行业存在倾销行为为代理变量的贸易摩擦频率对企业出口国内增加值率影响的回归结果。第(1)列为没有控制任何固定效应的回归结果;第(2)~(5)列分别为逐次控制了企业固定效应、时间固定效应、行业固定效应和省份固定效应的回归结果。贸易摩擦频率的系数值稳定在 -0.1~-0.07,系数符号和显著性水平未发生较大变化,说明贸易摩擦频率对出口增加值率的影响方向较为稳健,并均通过1% 水平的显著性检验,说明当企业受到最终判定倾销增加时,企业的出口国内增加值率将会显著降低,即贸易摩擦频率对出口国内增加值率具有显著抑制作用。这和使用企业受到的反倾销调查频率作为核心解释变量的结果一致,进一步验证了结果的稳健性。

表4-5　稳健性检验:更换解释变量为最终判定倾销频率

变量	(1)	(2)	(3)	(4)	(5)
FD	-0.099 9***	-0.100 1***	-0.071 9***	-0.073 7***	-0.074 0***
	(0.006 2)	(0.006 2)	(0.006 2)	(0.006 2)	(0.006 2)
owner	5.192 6***	5.130 3***	3.765 7***	3.761 9***	3.103 5***
	(0.129 0)	(0.129 1)	(0.131 1)	(0.131 1)	(0.132 1)
lfp	2.223 4***	2.212 3***	1.054 5***	1.076 7***	0.825 0***
	(0.066 5)	(0.066 5)	(0.068 1)	(0.068 1)	(0.068 3)
ksize	-1.771 8***	-1.767 7***	-1.533 4***	-1.464 7***	-1.418 5***
	(0.048 6)	(0.048 6)	(0.049 9)	(0.050 3)	(0.050 2)
exp	-1.577 1***	-1.562 7***	-0.505 2***	-0.610 4***	-0.474 0***
	(0.163 9)	(0.163 9)	(0.166 8)	(0.167 1)	(0.166 8)
HHI	-4.680 2***	-4.681 4***	-3.179 4**	-2.213 0*	-2.312 8*
	(1.235 9)	(1.235 7)	(1.253 5)	(1.256 5)	(1.254 4)
age	10.389 0***	10.389 5***	8.426 8***	8.378 1***	8.229 1***
	(0.355 7)	(0.355 6)	(0.357 9)	(0.357 9)	(0.357 3)
age^2	-0.967 4***	-0.965 9***	-0.669 8***	-0.668 8***	-0.622 1***
	(0.083 6)	(0.083 6)	(0.083 5)	(0.083 5)	(0.083 4)
常数项	52.294 4***	51.178 6***	38.336 0***	38.780 5***	37.145 5***
	(0.622 9)	(0.631 8)	(0.744 9)	(0.745 9)	(0.746 0)
企业固定效应	不控制	控制	控制	控制	控制
时间固定效应	不控制	不控制	控制	控制	控制
行业固定效应	不控制	不控制	不控制	控制	控制
省份固定效应	不控制	不控制	不控制	不控制	控制
样本量	397 528	397 528	397 528	397 528	397 528
R-squared	0.019 2	0.019 5	0.037 3	0.037 6	0.040 8

在整理数据进行实证分析的过程中,个别变量的方差较大,存在极大值和极小值。例如企业的资本规模,最大值和最小值存在较大差异,有些企业已成立50年以上,而有些企业在近几年刚刚成立。为消除这种极端值对估计的影响,采用缩尾

处理方法处理变量后,重新做回归分析。缩尾处理是数据分析中经常会用到的一种处理方式,指将一组数据中超出指定百分位数的数据使用该指定百分位数保留的临近数值替换。表4-6所示为缩尾处理后的贸易摩擦频率对企业出口国内增加值率影响的回归结果。第(1)列为没有控制任何固定效应的回归结果;第(2)~(5)列分别为逐次控制了企业固定效应、时间固定效应、行业固定效应和省份固定效应的回归结果。贸易摩擦频率的系数值稳定在-0.07~0.05,系数符号和显著性水平未发生较大变化,说明贸易摩擦频率对出口增加值率的影响方向较为稳健,并均通过1%水平的显著性检验,说明贸易摩擦频率对出口国内增加值率具有显著抑制作用。这和对变量进行缩尾处理之前的结果一致,进一步验证了结果的稳健性。

表4-6　稳健性检验:缩尾处理

变量	(1)	(2)	(3)	(4)	(5)
INIT	-0.624 4***	-0.624 7***	-0.524 3***	-0.530 2***	-0.525 6***
	(0.023 5)	(0.023 5)	(0.023 5)	(0.023 5)	(0.023 5)
owner	4.995 7***	4.930 7***	3.679 2***	3.669 8***	2.988 4***
	(0.133 5)	(0.133 7)	(0.135 8)	(0.135 9)	(0.136 8)
lfp	2.256 3***	2.244 4***	1.054 0***	1.072 5***	0.784 9***
	(0.075 1)	(0.075 1)	(0.076 8)	(0.076 8)	(0.077 1)
ksize	-1.638 5***	-1.635 7***	-1.526 7***	-1.447 7***	-1.401 2***
	(0.054 2)	(0.054 2)	(0.055 6)	(0.055 9)	(0.055 8)
exp	-1.286 3***	-1.270 4***	-0.124 4	-0.245 9	-0.142 2
	(0.170 5)	(0.170 4)	(0.173 5)	(0.173 8)	(0.173 5)
HHI	94.195 6***	93.732 6***	-13.012 6	-5.180 5	0.074 3
	(7.996 1)	(7.995 1)	(8.081 4)	(8.105 1)	(8.092 1)
age	8.403 0***	8.401 4***	7.221 6***	7.182 3***	6.934 5***
	(0.420 3)	(0.420 2)	(0.420 3)	(0.420 2)	(0.419 6)
age^2	-0.429 1***	-0.426 5***	-0.342 6***	-0.346 1***	-0.268 6***
	(0.103 7)	(0.103 7)	(0.103 2)	(0.103 2)	(0.103 1)
常数项	53.488 5***	52.351 4***	40.012 3***	40.500 7***	38.994 0***
	(0.709 0)	(0.717 3)	(0.827 2)	(0.828 0)	(0.827 6)
企业固定效应	不控制	控制	控制	控制	控制
时间固定效应	不控制	不控制	控制	控制	控制

表 4 - 6(续)

变量	(1)	(2)	(3)	(4)	(5)
行业固定效应	不控制	不控制	不控制	控制	控制
省份固定效应	不控制	不控制	不控制	不控制	控制
样本量	367 644	367 644	367 644	367 644	367 644
R - squared	0.020 4	0.020 6	0.037 2	0.037 6	0.040 9

考虑当企业 i 在 t 年遭遇贸易摩擦时,企业 i 在 t 年出口国内增加值率的变化未必能够得到明显的体现,可能在 $t+1$ 年才会反映出来,或者企业 i 在 t 年出口国内增加值率的变化会受到 $t-1$ 年的贸易摩擦影响,基于这两种情况构建回归方程

$$DVAR_{it} = \beta_0 + \beta_1 \, INIT_{i,t-1} + \beta_2 \, Controls_{it} + v_i + v_t + v_j + v_k + \varepsilon_{it} \quad (4-4)$$

$$DVAR_{i,t+1} = \beta_0 + \beta_1 \, INIT_{it} + \beta_2 \, Controls_{it} + v_i + v_t + v_j + v_k + \varepsilon_{it} \quad (4-5)$$

式中 $INIT_{i,t-1}$ ——企业 i 在 $t-1$ 年受到的反倾销调查频率; $DVAR_{i,t+1}$ ——企业 i 在 $t+1$ 年的出口国内增加值率。表 4 - 7 所示为上述分析的贸易摩擦频率对企业出口国内增加值率影响的回归结果。L. INIT 表示企业受到滞后一期的贸易摩擦频率,F. DVAR 表示企业延后一期的出口国内增加值率。第(1)和(3)列为没有控制任何固定效应的回归结果;第(2)~(4)列分别为控制了企业固定效应、时间固定效应、行业固定效应和省份固定效应的回归结果。滞后一期贸易摩擦频率 L. INIT 的系数值稳定在 -0.06 ~ -0.04,系数符号和显著性水平未发生较大变化,说明贸易摩擦频率对出口增加值率的影响方向较为稳健,并均通过 1% 水平的显著性检验,说明贸易摩擦频率对出口国内增加值率具有显著抑制作用。当解释企业延后一期贸易摩擦频率 F. DVAR 时,贸易摩擦频率系数值稳定在 -0.06 ~ -0.04 之间,系数符号和显著性水平未发生较大变化说明贸易摩擦频率对出口增加值率的影响方向较为稳健,并均通过 1% 水平的显著性检验,说明贸易摩擦频率对出口国内增加值率具有显著抑制作用。这两种情况下的估计结果和前述基准回归结果一致,进一步验证了结果的稳健性。

表 4 - 7 稳健性检验:滞后分析

变量	DVAR		F. DVAR	
	(1)	(2)	(3)	(4)
L. INIT	- 0.052 6***	- 0.040 7***		
	(0.005 6)	(0.005 6)		

表 4-7(续)

变量	DVAR		F. DVAR	
	(1)	(2)	(3)	(4)
owner	3.941 6***	2.160 6***	3.635 4***	1.962 6***
	(0.141 9)	(0.145 9)	(0.142 2)	(0.145 6)
lfp	1.558 0***	0.385 0***	1.308 9***	0.006 5
	(0.074 4)	(0.076 2)	(0.074 5)	(0.076 8)
ksize	−1.410 5***	−1.148 7***	−1.136 3***	−0.805 8***
	(0.053 9)	(0.055 9)	(0.054 4)	(0.055 7)
exp	−1.144 8***	−0.546 8***	−1.687 2***	−0.989 5***
	(0.182 0)	(0.185 9)	(0.181 2)	(0.184 1)
HHI	−0.635 0	−2.344 2	−4.707 4***	−4.424 0***
	(1.652 5)	(1.679 2)	(1.194 6)	(1.215 6)
age	5.237 6***	3.354 2***	3.518 9***	2.453 7***
	(0.499 2)	(0.508 8)	(0.376 5)	(0.378 3)
age^2	−0.214 7*	0.094 9	0.006 6	0.189 8**
	(0.109 9)	(0.111 0)	(0.089 6)	(0.089 5)
INIT			−0.054 2***	−0.043 2***
			(0.005 6)	(0.005 6)
常数项	62.590 0***	52.675 3***	64.571 3***	53.171 3***
	(0.789 4)	(0.909 8)	(0.685 0)	(0.800 0)
企业固定效应	不控制	控制	不控制	控制
时间固定效应	不控制	控制	不控制	控制
行业固定效应	不控制	控制	不控制	控制
省份固定效应	不控制	控制	不控制	控制
样本量	295 780	295 780	296 684	296 684
R-squared	0.009 4	0.026 8	0.008 6	0.026 5

在百年未有之大变局下,中国参与全球经济治理体系面临巨大挑战。在2001年中国加入世界贸易组织后,对国家经济的开放和发展起到了极大的作用。考虑

中国加入世界贸易组织后对贸易摩擦频率与出口国内增加值率关系的冲击作用,构建模型如下

$$DVAR_{it} = \beta_0 + \beta_1 INIT_{it} + \beta_2 WTO + \beta_3 WTO\_INIT + \beta_4 Controls_{it}$$
$$+ v_i + v_t + v_j + v_k + \varepsilon_{it} \tag{4-6}$$

式中,WTO 表示中国是否加入世界贸易组织,在样本期内的 2002 年后取值为 1,在 2002 年之前取值为 0[①],WTO_INIT$_{it}$ 表示 WTO 和 INIT$_{it}$ 的交乘项。表 4-8 所示为构建模型后贸易摩擦频率对企业出口国内增加值率影响的回归结果。第(1)列为没有控制任何固定效应的回归结果;第(2)~(5)列分别为逐次控制了企业固定效应、时间固定效应、行业固定效应和省份固定效应的回归结果。贸易摩擦频率的系数值稳定在 -0.16 ~ -0.14,系数符号和显著性水平未发生较大变化,说明贸易摩擦频率对出口增加值率的影响方向较为稳健,并均通过 1% 水平的显著性检验,说明贸易摩擦频率对出口国内增加值率具有显著抑制作用;WTO 的系数值为正值,系数符号和显著性水平未发生较大变化,说明中国加入世界贸易组织对出口增加值率的影响方向较为稳健,并均通过 1% 水平的显著性检验,说明中国加入世界贸易组织对出口国内增加值率具有显著提升作用;WTO_INIT 的系数值为正值,系数符号和显著性水平未发生较大变化,说明中国加入世界贸易组织对出口增加值率的影响方向较为稳健,并均通过 1% 水平的显著性检验,说明中国加入世界贸易组织后会降低贸易摩擦频率对出口国内增加值率的抑制作用。

表 4-8 稳健性检验:加入世界贸易组织的冲击

变量	(1)	(2)	(3)	(4)	(5)
INIT	-0.144 5***	-0.144 7***	-0.157 0***	-0.158 4***	-0.154 6***
	(0.016 5)	(0.016 5)	(0.016 4)	(0.016 4)	(0.016 4)
WTO_INIT	0.105 3***	0.105 2***	0.126 7***	0.126 2***	0.120 4***
	(0.017 5)	(0.017 5)	(0.017 4)	(0.017 4)	(0.017 4)
WTO	14.989 2***	14.999 8***	22.491 5***	22.626 3***	22.590 0***
	(0.264 2)	(0.264 1)	(0.438 3)	(0.438 4)	(0.437 7)
owner	4.727 2***	4.663 1***	3.766 5***	3.762 5***	3.104 3***
	(0.128 7)	(0.128 8)	(0.131 1)	(0.131 1)	(0.132 1)
lfp	1.797 4***	1.785 7***	1.055 6***	1.077 5***	0.825 9***
	(0.066 6)	(0.066 6)	(0.068 1)	(0.068 1)	(0.068 3)

① 2001 年 12 月 11 日,中国正式加入世界贸易组织。

表 4 - 8（续）

变量	（1）	（2）	（3）	（4）	（5）
ksize	-1.720 1***	-1.715 8***	-1.546 4***	-1.477 8***	-1.430 7***
	(0.048 4)	(0.048 4)	(0.049 9)	(0.050 3)	(0.050 2)
exp	-1.438 0***	-1.423 0***	-0.528 1***	-0.632 1***	-0.494 3***
	(0.163 3)	(0.163 3)	(0.166 8)	(0.167 1)	(0.166 9)
HHI	-3.542 6***	-3.543 1***	-3.114 3**	-2.151 8*	-2.249 7*
	(1.230 7)	(1.230 5)	(1.253 5)	(1.256 5)	(1.254 5)
age	9.760 2***	9.760 3***	8.421 0***	8.372 8***	8.224 2***
	(0.354 3)	(0.354 2)	(0.357 9)	(0.357 9)	(0.357 3)
age^2	-0.868 4***	-0.866 8***	-0.668 4***	-0.667 4***	-0.620 8***
	(0.083 3)	(0.083 3)	(0.083 5)	(0.083 5)	(0.083 4)
常数项	41.018 6***	39.870 5***	38.649 5***	39.084 6***	37.427 8***
	(0.652 7)	(0.661 3)	(0.746 8)	(0.747 8)	(0.748 0)
企业固定效应	不控制	控制	控制	控制	控制
时间固定效应	不控制	不控制	控制	控制	控制
行业固定效应	不控制	不控制	不控制	控制	控制
省份固定效应	不控制	不控制	不控制	不控制	控制
样本量	397 528	397 528	397 528	397 528	397 528
R - squared	0.027 6	0.027 9	0.037 3	0.037 6	0.040 8

金融危机会对实体经济带来无法估量甚至毁灭性的影响，世界范围内主要经济体的出口势必会减少。作为拉动经济增长的"三驾马车"[①]，其作用大打折扣，投资者的信心和积极性将会降低。因此，将总样本分为金融危机发生前和金融危机发生后两部分进行考察，表 4 - 9 所示为把总样本分为 2008 年金融危机前和后的贸易摩擦频率对企业出口国内增加值率影响的回归结果。第（1）列和（3）列为没有控制任何固定效应的回归结果；第（2）和（4）列为控制了企业固定效应、时间固定效应、行业固定效应和省份固定效应的回归结果。在 2008 年金融危机发生前，贸易摩擦频率的系数值为 -0.038，系数符号和显著性水平未发生较大变化，说明

---

① 出口、消费和投资被称为拉动经济增长的"三驾马车"。

贸易摩擦频率对出口增加值率的影响方向较为稳健,并均通过1%水平的显著性检验,说明在2008年金融危机发生前贸易摩擦频率对出口国内增加值率具有显著抑制作用。在2008年金融危机发生后,贸易摩擦频率的系数值为 −0.0639,系数符号和显著性水平未发生较大变化,说明贸易摩擦频率对出口增加值率的影响方向较为稳健,并均通过1%水平的显著性检验,说明在2008年金融危机之后贸易摩擦频率对出口国内增加值率具有显著抑制作用。由于在金融危机发生后的贸易摩擦频率系数绝对值大于金融危机发生前,说明相对金融危机发生前,金融危机发生后贸易摩擦频率对企业出口国内增加值率的影响作用更大一些。

表4−9　稳健性检验:金融危机的冲击

变量	金融危机发生前		金融危机发生后	
	（1）	（2）	（3）	（4）
INIT	−0.039 3***	−0.038 0***	−0.041 8**	−0.063 9***
	(0.005 9)	(0.005 8)	(0.018 1)	(0.018 2)
owner	9.112 8***	7.541 8***	0.338 8**	0.218 5
	(0.200 9)	(0.201 8)	(0.172 7)	(0.177 8)
lfp	3.291 1***	1.972 7***	0.336 0***	−0.073 1
	(0.100 0)	(0.101 3)	(0.090 7)	(0.092 6)
ksize	−1.852 2***	−1.638 5***	−1.714 0***	−1.226 3***
	(0.074 7)	(0.074 3)	(0.064 2)	(0.068 5)
exp	−3.036 9***	−2.417 0***	0.601 2***	1.771 2***
	(0.242 1)	(0.240 0)	(0.222 4)	(0.232 2)
HHI	−113.236 4***	−0.219 8	−3.882 1***	−1.324 0
	(8.884 3)	(9.298 7)	(1.222 3)	(1.250 3)
age	8.350 7***	7.872 4***	8.556 4***	9.497 1***
	(0.478 7)	(0.473 8)	(0.535 8)	(0.548 2)
age^2	−1.084 5***	−0.948 1***	−0.443 6***	−0.631 3***
	(0.114 0)	(0.112 8)	(0.123 8)	(0.125 3)
常数项	49.122 8***	34.621 4***	68.566 9***	60.815 7***
	(0.924 0)	(1.001 7)	(0.883 9)	(0.962 0)
企业固定效应	不控制	控制	不控制	控制
时间固定效应	不控制	控制	不控制	控制

表 4 - 9(续)

变量	金融危机发生前		金融危机发生后	
	(1)	(2)	(3)	(4)
行业固定效应	不控制	控制	不控制	控制
省份固定效应	不控制	控制	不控制	控制
样本量	186 838	186 838	210 690	210 690
R - squared	0.026 3	0.049 5	0.011 9	0.016 6

三、内生性检验

在回归过程中,由于遗漏变量造成的误差项和解释变量相关等问题,因此造成系数估计的偏误。比如能力这种因素就因为难以衡量而进入不了解释方程,导致计量模型具有内生性。为解决这些问题,首先使用倍差法(DID)[①]估计检验。倍差法可以在很大程度上避免内生性问题的产生。政策相对于微观经济主体而言,一般是外生的,因而不存在逆向因果问题,其中使用固定效应估计在一定程度上也缓解了遗漏变量偏误问题。中国制造业企业是否受到反倾销调查具有一定的随机性,因此反倾销调查对企业来说是突发事件,可以看作一次良好的准自然实验。此外本书研究的对企业实施反倾销调查前后的时期是多期,而且国外对中国企业的反倾销调查也是分多期进行的。不同的企业受到的反倾销调查的时间不一致,因此参考赵海峰等(2021)和韩国高等(2021)的做法,采取能应对处理组实施反倾销调查时间不同的多期倍差法,构建模型如下:

$$DVAR_{it} = \beta_0 + \beta_1 DID\_INIT_{it} + \beta_2 Controls_{it} + v_i + v_t + v_j + v_k + \varepsilon_{it}$$

$$(4 - 7)$$

核心解释变量 DID_INIT$_{it}$ 用来衡量企业 i 在 t 年是否受到反倾销调查的虚拟变量。若企业 i 在 t 年受到反倾销调查,则 t 年和之后的年份取值为1,其他取值为0。为排除其他因素对检验反倾销调查效应可能产生的干扰,引入控制变量组成向量组 Controls$_{it}$。v_i 为企业固定效应,v_t 为时间固定效应,v_j 为行业固定效应,v_k 为省份固定效应,ε_{it} 为随机干扰项。用多期倍差法的一个基本前提是实验组和对照组需要满足平行趋势假设,因此在使用倍差法进行回归估计前应首先进行平行趋势检验,借鉴 Beck 等(2010)的做法加入 Pre3$_{it}$ - After3$_{it}$ 虚拟变量,构建模型为

$$DVAR_{it} = \beta_0 + \beta_1 Pre3_{it} + \beta_2 Pre2_{it} + \beta_3 Pre1_{it} + \beta_4 Current_{it} + \beta_5 After1_{it}$$

---

① DID,英文全称为 difference in differences,中文名称为"双重差分法"或"倍差法",本书统称"倍差法"。

$$+ \beta_6 \text{After2}_{it} + \beta_7 \text{After3}_{it} + v_i + v_t + v_j + v_k + \varepsilon_{it} \qquad (4-8)$$

表 4-10 所示为平行趋势检验结果,说明实验组和对照组在反倾销调查施行前,没有显著差异满足平行趋势假设,在反倾销调查的当年和发生后的第一年、第二年和第三年的回归系数均在 1% 的显著性水平上显著为负。

表 4-10 平行趋势检验

变量	系数值	P 值
Pre3_{it}	-0.002	0.782
Pre2_{it}	-0.006	0.437
Pre1_{it}	-0.013	0.101
Current_{it}	-0.030	0.000 * * *
After1_{it}	-0.033	0.000 * * *
After2_{it}	-0.043	0.000 * * *
After3_{it}	-0.051	0.000 * * *
企业固定效应	控制	控制
时间固定效应	控制	控制
行业固定效应	控制	控制
省份固定效应	控制	控制

表 4-11 所示为采用倍差法模型下贸易摩擦频率对出口国内增加值率的回归结果。第(1)列为没有控制任何固定效应的回归结果;第(2)~(5)列分别为逐次控制了企业固定效应、时间固定效应、行业固定效应和省份固定效应的回归结果。贸易摩擦频率的系数值稳定在 -0.07 ~ -0.05,系数符号和显著性水平未发生较大变化,说明贸易摩擦频率对出口增加值率的影响方向较为稳健,并均通过 1% 水平的显著性检验,说明当企业受到反倾销调查的频率增加时,企业的出口国内增加值率将会显著降低,即贸易摩擦频率对出口国内增加值率具有显著抑制作用。

表 4-11 内生性检验:倍差法

变量	(1)	(2)	(3)	(4)	(5)
DID_INIT	-5.938 8 * * *	-5.932 9 * * *	-6.282 1 * * *	-6.281 7 * * *	-6.296 5 * * *
	(0.163 0)	(0.163 0)	(0.164 2)	(0.164 1)	(0.163 9)

表 4-11(续)

变量	(1)	(2)	(3)	(4)	(5)
owner	4.713 6***	4.653 0***	3.264 9***	3.261 7***	2.600 8***
	(0.129 6)	(0.129 7)	(0.131 6)	(0.131 6)	(0.132 6)
lfp	2.227 3***	2.216 4***	1.022 6***	1.044 4***	0.792 1***
	(0.066 4)	(0.066 4)	(0.067 9)	(0.068 0)	(0.068 2)
ksize	-1.592 4***	-1.588 8***	-1.284 1***	-1.218 7***	-1.171 8***
	(0.048 8)	(0.048 8)	(0.050 2)	(0.050 6)	(0.050 5)
exp	-1.316 2***	-1.302 6***	-0.117 8	-0.222 3	-0.084 8
	(0.163 9)	(0.163 9)	(0.166 8)	(0.167 1)	(0.166 8)
HHI	-4.158 3***	-4.159 7***	-2.411 4*	-1.472 1	-1.570 4
	(1.234 3)	(1.234 1)	(1.251 5)	(1.254 6)	(1.252 5)
age	10.331 1***	10.331 7***	8.426 6***	8.377 8***	8.228 3***
	(0.355 2)	(0.355 1)	(0.357 2)	(0.357 2)	(0.356 7)
age^2	-0.970 4***	-0.968 8***	-0.682 5***	-0.681 2***	-0.634 4***
	(0.083 5)	(0.083 5)	(0.083 4)	(0.083 4)	(0.083 2)
常数项	51.524 4***	50.428 7***	36.886 1***	37.324 1***	35.682 4***
	(0.622 3)	(0.631 3)	(0.744 6)	(0.745 7)	(0.745 8)
企业固定效应	不控制	控制	控制	控制	控制
时间固定效应	不控制	不控制	控制	控制	控制
行业固定效应	不控制	不控制	不控制	控制	控制
省份固定效应	不控制	不控制	不控制	不控制	控制
Observations	397 528	397 528	397 528	397 528	397 528
R-squared	0.021 8	0.022 1	0.040 5	0.040 8	0.044 0

近年来,社会科学领域越来越重视"因果关系"推断问题,涉及经济学(Angrist 和 Pischke,2010)、政治学(Samii,2016)、社会学(Gangl,2010)、心理学(Rohrer,2018)与管理学(Shaver,2020)等。因果关系是指在其他条件不变的情况下,一个变量的改变对另外一个变量所产生的影响(Wooldridge,2010)。只有在自变量外生的情况下,即因变量的变化是由自变量造成而与误差项无关,线性回归模型才能检验变量之间的因果关系(Sajons,2020)。工具变量模型是解决内生性问题最为常

见的方法(王宇和李海洋,2017),越来越多学者也倡导使用该方法解决内生性问题(Shaver,2020)。本书实证结果的内生性可能来源于企业出口国内增加值率或者能够反过来影响受到的贸易摩擦频率,以及主要的解释和控制变量之间可能存在着相关关系等问题。借鉴耿伟和杨晓亮(2020)的思路,使用企业受到的贸易摩擦频率滞后一期作为工具变量①,第(5)列汇报了这一结果。本书使用中国工业企业数据库和海关数据库等海量微观数据的匹配数据,解释变量和控制变量的有相关关系较弱。为了进一步确定估计的稳健性,进行两阶段最小二乘估计②对模型重新进行的回归,第(4)列汇报了这一结果。控制了企业固定效应、时间固定效应、行业固定效应和省份固定效应的回归结果,IV 法和 2SLS 法贸易摩擦频率的系数值均为负值,并均通过 1% 水平的显著性检验,说明当企业受到反倾销调查的频率增加时,企业的出口国内增加值率将会显著降低,即贸易摩擦频率对出口国内增加值率具有显著抑制作用。为进一步考察不同的基本回归方法所带来的差异,引入了 FE③、RE④ 和 OLS⑤ 估计方法进行对比,发现结论保持一致。综上所述,在解决了回归模型可能存在的内生性问题,并采用不同的基础回归模型后,贸易摩擦频率对企业出口国内增加值率具有显著抑制作用。

表 4 - 12　内生性检验:不同的回归方法

变量	(1)	(2)	(3)	(4)	(5)
	FE	RE	OLS	2SLS	IV
INIT	- 0.034 9***	- 0.062 7***	- 0.047 6***	- 0.036 2***	- 0.485 5***
	(0.006 32)	(0.005 52)	(0.005 5)	(0.005 5)	(0.067 9)
owner	2.115***	5.202***	3.105 9***	2.148 1***	1.993 0***
	(0.555)	(0.129)	(0.132 1)	(0.146 1)	(0.149 7)
lfp	3.087***	2.228***	0.826 4***	0.378 7***	0.300 8***
	(0.124)	(0.066 6)	(0.068 3)	(0.077 2)	(0.078 1)
ksize	- 5.630***	- 1.788***	- 1.430 2***	- 1.118 5***	- 0.743 1***
	(0.153)	(0.048 6)	(0.050 2)	(0.056 3)	(0.083 9)

① 实证结果中用"IV"表示工具变量。
② 实证结果中用"2SLS"表示两阶段最小二乘估计。
③ FE,指回归方法中使用的是固定效用模型。
④ RE,指回归方法中使用的是随机效用模型。
⑤ OLS,指回归方法中使用的是最小二乘法。

表 4 – 12(续)

变量	(1)	(2)	(3)	(4)	(5)
	FE	RE	OLS	2SLS	IV
exp	0.569*	− 1.604***	− 0.500 0***	− 0.492 7***	0.178 4
	(0.296)	(0.164)	(0.166 9)	(0.188 2)	(0.217 9)
HHI	− 3.963***	− 4.634***	− 2.236 0*	− 2.328 7	− 2.136 1
	(1.417)	(1.236)	(1.254 5)	(1.600 5)	(1.696 5)
age	10.31***	10.37***	8.210 5***	3.375 0***	3.633 3***
	(0.559)	(0.356)	(0.357 3)	(0.533 1)	(0.516 1)
age²	2.291***	− 0.961***	− 0.616 8***	0.089 1	0.017 4
	(0.145)	(0.083 6)	(0.083 4)	(0.115 6)	(0.112 8)
常数项	73.26***	52.42***	− 0.047 6***	52.506 0***	50.402 9***
	(1.596)	(0.623)	(0.005 5)	(0.945 7)	(0.987 5)
企业固定效应	控制	控制	控制	控制	控制
时间固定效应	控制	控制	控制	控制	控制
行业固定效应	控制	控制	控制	控制	控制
省份固定效应	控制	控制	控制	控制	控制
Observations	397 528	397 528	397 528	295 780	295 780
R – squared	− 0.024 0	− 0.026 3	0.005 4	0.026 9	0.006 9

四、机制分析

下面通过建立机制分析模型,进一步揭示贸易摩擦频率抑制企业出口国内增加值率的传导机制。结合调节效应模型的思路,首先分析成本加成的调节效应。成本加成度量了企业的市场势力和贸易利得,规模报酬递增和不完全竞争被引入国际贸易领域以来,企业成本加成因其所蕴含的丰富福利内涵与政策含义而受到广泛关注(钱学锋等,2015)。现有文献中关于企业成本加成的测度方法大致有两类,包括会计方法(Domowitz 等,1986)和生产函数法(Hall,1986;Roeger,1995;Edmond 等,2012;De Loecker 和 Warzynski,2012)。会计方法主要运用企业的增加值、工资支出和中间投入成本计算成本加成。Domowitz 等(1986)采用这种方法计算了成本加成,并讨论了经济周期和行业成本加成的关系。根据 Domowitz 等(1986)和钱学锋等(2015,2016)的方法,企业产品价格与边际成本的关系式为

$$\left(\frac{p-c}{p}\right)_{it} = 1 - \frac{1}{\mathrm{mkp}_{it}} = \left(\frac{\mathrm{va}-\mathrm{pr}}{\mathrm{va}+\mathrm{ncm}}\right)_{it} \tag{4-9}$$

式中　mkp_{it}——企业的成本加成;

　　　p——企业产品价格;

　　　c——企业边际成本;

　　　va——企业工业增加值;

　　　pr——企业当年所付的工资总额;

　　　ncm——净中间投入要素成本。

在基准回归模型的基础之上,构建企业成本加成的调节效应模型为

$$\mathrm{DVAR}_{it} = \beta_0 + \beta_1 \mathrm{INIT}_{it} + \beta_2 \mathrm{Cpr\_INIT}_{it} + \beta_3 \mathrm{Controls}_{it} + v_i + v_t + v_j + v_k + \varepsilon_{it}$$
$$\tag{4-10}$$

Cpr_INIT 为企业成本加成和受到的贸易摩擦频率的交乘项,表4-13所示为企业成本加成传导机制下贸易摩擦频率与出口国内增加值率的基准回归结果。第(1)列为没有控制任何固定效应的回归结果,第(2)～(5)列分别为逐次控制了企业固定效应、时间固定效应、行业固定效应和省份固定效应的回归结果。贸易摩擦频率的系数值稳定在 -0.05～-0.04,系数符号和显著性水平未发生较大变化,说明贸易摩擦频率对出口增加值率的影响方向较为稳健,并均通过1%水平的显著性检验;贸易摩擦频率和企业成本加成交乘项的系数值稳定在 0.004～0.05,系数符号和显著性水平未发生较大变化,说明贸易摩擦频率对出口增加值率的影响方向较为稳健,并均通过10%水平的显著性检验,这表明了企业成本加成的提高有利于弱化企业遭遇贸易摩擦频率对出口增加值率的抑制作用,较好地验证了本书的研究假说。

表 4 - 13　机制分析:成本加成

变量	(1)	(2)	(3)	(4)	(5)
INIT	-0.044 9***	-0.045 1***	-0.042 2***	-0.042 7***	-0.044 2***
	(0.006 8)	(0.006 8)	(0.006 7)	(0.006 7)	(0.006 7)
Cpr_INIT	0.004 6*	0.004 5*	0.004 7*	0.004 7*	0.004 7*
	(0.002 5)	(0.002 5)	(0.002 4)	(0.002 4)	(0.002 4)
owner	8.826 0***	8.785 9***	8.214 1***	8.214 0***	7.339 9***
	(0.203 8)	(0.203 9)	(0.202 6)	(0.202 6)	(0.204 4)
lfp	3.274 2***	3.256 9***	2.233 5***	2.243 7***	1.932 0***
	(0.102 8)	(0.102 9)	(0.103 9)	(0.104 0)	(0.104 4)

表 4 – 13(续)

变量	(1)	(2)	(3)	(4)	(5)
ksize	– 1.837 2***	– 1.831 6***	– 1.706 1***	– 1.691 2***	– 1.641 8***
	(0.076 9)	(0.076 9)	(0.076 2)	(0.076 5)	(0.076 4)
exp	– 3.009 7***	– 2.976 6***	– 2.490 6***	– 2.527 6***	– 2.423 4***
	(0.248 9)	(0.249 0)	(0.246 9)	(0.247 5)	(0.246 9)
HHI	112.909 6***	112.236 2***	– 16.760 0*	– 11.643 6	– 2.590 1
	(9.177 5)	(9.178 2)	(9.318 6)	(9.618 6)	(9.601 5)
常数项	50.195 6***	49.409 0***	38.217 0***	38.311 6***	35.821 0***
	(0.950 1)	(0.965 8)	(1.029 0)	(1.030 0)	(1.031 3)
企业固定效应	不控制	控制	控制	控制	控制
时间固定效应	不控制	不控制	控制	控制	控制
行业固定效应	不控制	不控制	不控制	控制	控制
省份固定效应	不控制	不控制	不控制	不控制	控制
Observations	176 628	176 628	176 628	176 628	176 628
R – squared	0.025 1	0.025 2	0.043 5	0.043 5	0.047 9

关于出口质量的测算,目前主流的测算方法有 Khandelwal 等(2013)为代表的需求信息回归推断法。该方法测算较为准备双边贸易数据已获取,本书的测算使用该方法,还有以 Feenstra 和 Romalis(2014)为代表的供给需求信息加总测算法。国内的部分学者也做了出口质量的测算研究(张杰等,2014;施炳展等,2014;樊海潮等,2015;许家云等,2017)。根据 Khandelwal 等(2013)的方法可得产品出口质量的测算公式为

$$\ln q_{ijt} = \chi_{jt} - \sigma \ln p_{ijt} + \varepsilon_{ijt} \qquad (4-11)$$

式中 χ_{jt}——进口国 – 时间虚拟变量;

$\ln p_{ijt}$——企业 i 在 t 年对 j 国出口产品价格;

$\ln q_{ijt}$——企业 i 在 t 年对 j 国出口产品数量。

借鉴许家云等(2017)的做法,对产品出口质量标准化处理为

$$Std\_quality_{ijt} = \frac{quality_{ijt} - min\_quality_{ijt}}{max\_quality_{ijt} - min\_quality_{ijt}} \qquad (4-12)$$

式中 $Std\_quality_{ijt}$——产品的标准化出口质量;

$min\_quality_{ijt}$——产品出口质量的最小值;

max_quality$_{ijt}$——产品出口质量的最大值。

企业层面的出口质量为

$$Quality = Std\_quality_{ijt} \times \frac{value_{ijt}}{\sum\limits_{ijt\in\Omega} value_{ijt}} \qquad (4-13)$$

式中 $\sum\limits_{ijt\in\Omega} value_{ijt}$——企业层面的出口额；

value$_{ijt}$——产品层面的出口额。

在基准回归模型的基础之上，构建企业出口质量的调节效应模型为

$$DVAR_{it} = \beta_0 + \beta_1 INIT_{it} + \beta_2 Quality\_INIT_{it} + \beta_3 Controls_{it} + v_i + v_t + v_j + v_k + \varepsilon_{it}$$
$$(4-14)$$

式中 Quality_INIT——企业出口质量和受到的贸易摩擦频率的交乘项。

表4-14所示为企业出口质量传导机制下贸易摩擦频率与出口国内增加值率的基准回归结果。第（1）列为没有控制任何固定效应的回归结果；第（2）~（5）列分别为逐次控制了企业固定效应、时间固定效应、行业固定效应和省份固定效应的回归结果。贸易摩擦频率的系数值稳定在-0.108~-0.08，系数符号和显著性水平未发生较大变化，说明贸易摩擦频率对出口增加值率的影响方向较为稳健，并均通过1%水平的显著性检验，贸易摩擦频率和企业出口质量交乘项的系数值稳定在0.005~0.06，系数符号和显著性水平未发生较大变化，说明贸易摩擦频率对出口增加值率的影响方向较为稳健，并均通过1%水平的显著性检验，这表明了企业出口质量的提高有利于弱化企业遭遇贸易摩擦频率对出口增加值率的抑制作用。

表4-14 机制分析：出口质量

变量	（1）	（2）	（3）	（4）	（5）
INIT	-0.107 1***	-0.107 0***	-0.087 6***	-0.088 9***	-0.091 8***
	(0.013 9)	(0.013 9)	(0.013 9)	(0.013 9)	(0.013 8)
Quality_INIT	0.060 0***	0.059 5***	0.058 1***	0.057 5***	0.059 6***
	(0.017 3)	(0.017 3)	(0.017 3)	(0.017 3)	(0.017 2)
owner	5.188 2***	5.125 2***	3.765 1***	3.760 9***	3.100 3***
	(0.129 3)	(0.129 4)	(0.131 4)	(0.131 3)	(0.132 4)
lfp	2.241 6***	2.230 5***	1.070 1***	1.092 0***	0.839 7***
	(0.066 7)	(0.066 7)	(0.068 2)	(0.068 2)	(0.068 5)
ksize	-1.777 0***	-1.773 0***	-1.537 2***	-1.469 5***	-1.421 1***
	(0.048 8)	(0.048 7)	(0.050 1)	(0.050 5)	(0.050 4)

表 4 - 14（续）

变量	（1）	（2）	（3）	（4）	（5）
exp	- 1.638 2***	- 1.622 9***	- 0.571 2***	- 0.673 8***	- 0.535 6***
	(0.164 4)	(0.164 3)	(0.167 3)	(0.167 5)	(0.167 3)
HHI	- 4.703 3***	- 4.705 0***	- 3.149 7***	- 2.197 2*	- 2.289 3*
	(1.237 9)	(1.237 8)	(1.255 4)	(1.258 5)	(1.256 4)
age	10.356 6***	10.356 4***	8.407 1***	8.359 0***	8.209 8***
	(0.356 3)	(0.356 2)	(0.358 5)	(0.358 5)	(0.357 9)
age^2	- 0.962 1***	- 0.960 4***	- 0.666 8***	- 0.665 8***	- 0.619 0***
	(0.083 7)	(0.083 7)	(0.083 6)	(0.083 6)	(0.083 5)
常数项	52.339 6***	51.220 6***	38.184 3***	38.615 2***	36.964 8***
	(0.624 3)	(0.633 3)	(0.747 0)	(0.748 0)	(0.748 1)
企业固定效应	不控制	控制	控制	控制	控制
时间固定效应	不控制	不控制	控制	控制	控制
行业固定效应	不控制	不控制	不控制	控制	控制
省份固定效应	不控制	不控制	不控制	不控制	控制
Observations	395 664	395 664	395 664	395 664	395 664
R - squared	0.018 9	0.019 2	0.037 2	0.037 5	0.040 7

常用的生产率测算方法有 FE、OLS、GMM、OP[①] 和 LP[②] 法（杨汝岱，2015），学术界对这些方法存在一些争议。OLS 和 FE 法在计算全要素生产率方面有较大缺陷，OP 法考虑了中间投入的影响本文采用这种方法计算企业生产率。在基准回归模型的基础之上，构建企业出口质量的调节效应模型为

$$DVAR_{it} = \beta_0 + \beta_1 INIT_{it} + \beta_2 TFP\_OP\_INIT_{it} + \beta_3 Controls_{it} + v_i + v_t + v_j + v_k + \varepsilon_{it}$$

$$(4 - 15)$$

表 4 - 15 所示为企业生产率在传导机制下贸易摩擦频率与出口国内增加值率的基准回归结果。第（1）列为没有控制任何固定效应的回归结果；第（2）~（5）列分别为逐次控制了企业固定效应、时间固定效应、行业固定效应和省份固定效应的回归结果。贸易摩擦频率的系数值稳定在 - 0.40 ~ - 0.36，系数符号和显著性水

---

① OP 法是 Olley - Pakes 法的简称，Olley 和 Pakes（1996）提出的该方法。

② LP 法是 Levinsohn - Petrin 方法的简称，Levinsohn 和 Petrin（2003）提出的该方法。

平未发生较大变化,说明贸易摩擦频率对出口增加值率的影响方向较为稳健,并均通过1%水平的显著性检验;贸易摩擦频率和企业生产率交乘项的系数值稳定在0.04~0.05,系数符号和显著性水平未发生较大变化,说明贸易摩擦频率对出口增加值率的影响方向较为稳健,并均通过1%水平的显著性检验,这表明了企业生产率的提高有利于弱化企业遭遇贸易摩擦频率对出口增加值率的抑制作用,较好地验证了本书的研究假说。

表4-15 机制分析:企业生产率

变量	(1)	(2)	(3)	(4)	(5)
INIT	-0.395 8***	-0.397 0***	-0.361 4***	-0.364 2***	-0.376 8***
	(0.039 2)	(0.039 2)	(0.039 0)	(0.039 0)	(0.038 9)
TFP_OP_INIT	0.048 5***	0.048 7***	0.044 3***	0.044 6***	0.046 1***
	(0.005 3)	(0.005 3)	(0.005 2)	(0.005 2)	(0.005 2)
owner	9.064 4***	9.020 9***	8.474 3***	8.466 9***	7.479 1***
	(0.202 6)	(0.202 8)	(0.201 5)	(0.201 5)	(0.203 6)
lfp	3.244 7***	3.228 7***	2.252 2***	2.267 0***	1.915 4***
	(0.101 9)	(0.102 0)	(0.102 8)	(0.102 9)	(0.103 3)
ksize	-1.914 5***	-1.908 5***	-1.777 9***	-1.753 9***	-1.693 2***
	(0.075 8)	(0.075 8)	(0.075 1)	(0.075 5)	(0.075 3)
exp	-2.958 1***	-2.929 5***	-2.506 6***	-2.555 3***	-2.359 4***
	(0.244 8)	(0.244 9)	(0.242 7)	(0.243 2)	(0.242 6)
HHI	112.909 6***	112.269 0***	-15.964 8*	-8.186 2	1.493 8
	(8.990 0)	(8.990 6)	(9.131 4)	(9.425 1)	(9.407 0)
age	7.935 9***	7.964 8***	7.324 5***	7.319 4***	7.523 3***
	(0.486 5)	(0.486 6)	(0.482 6)	(0.482 6)	(0.481 4)
age^2	-1.011 5***	-1.015 8***	-0.899 4***	-0.900 2***	-0.885 7***
	(0.115 6)	(0.115 6)	(0.114 6)	(0.114 6)	(0.114 3)
常数项	50.641 6***	49.859 3***	38.332 7***	38.476 6***	35.913 5***
	(0.940 4)	(0.955 6)	(1.017 2)	(1.018 1)	(1.019 1)
企业固定效应	不控制	控制	控制	控制	控制
时间固定效应	不控制	不控制	控制	控制	控制

表 4 – 15(续)

变量	(1)	(2)	(3)	(4)	(5)
行业固定效应	不控制	不控制	不控制	控制	控制
省份固定效应	不控制	不控制	不控制	不控制	控制
Observations	182 750	182 750	182 750	182 750	182 750
R – squared	0.026 3	0.026 4	0.044 8	0.044 8	0.049 6

在基准回归模型的基础之上,构建企业退出的调节效应模型为

$$\text{DVAR}_{it} = \beta_0 + \beta_1 \text{INIT}_{it} + \beta_2 \text{Exit\_INIT}_{it} + \beta_3 \text{Controls}_{it} + v_i + v_t + v_j + v_k + \varepsilon_{it}$$

(4 – 16)

式中 Exit_INIT——企业退出和受到的贸易摩擦频率的交乘项。

表 4 – 16 所示为企业退出传导机制下贸易摩擦频率与出口国内增加值率的基准回归结果。第(1)列为没有控制任何固定效应的回归结果;第(2)~(5)列分别为逐次控制了企业固定效应、时间固定效应、行业固定效应和省份固定效应的回归结果。贸易摩擦频率的系数值稳定在 – 0.08 ~ – 0.05,系数符号和显著性水平未发生较大变化,说明贸易摩擦频率对出口增加值率的影响方向较为稳健,并均通过 1% 水平的显著性检验;贸易摩擦频率和企业退出交乘项的系数值稳定在 0.11 ~ 0.17,系数符号和显著性水平未发生较大变化,说明贸易摩擦频率对出口增加值率的影响方向较为稳健,并均通过 1% 水平的显著性检验,这表明了企业退出的增加将会弱化企业遭遇贸易摩擦频率对出口国内增加值率的抑制作用。

表 4 – 16 机制分析:企业退出

变量	(1)	(2)	(3)	(4)	(5)
INIT	– 0.076 1***	– 0.076 4***	– 0.053 7***	– 0.055 6***	– 0.057 3***
	(0.005 7)	(0.005 7)	(0.005 7)	(0.005 7)	(0.005 7)
Exit_INIT	0.164 5***	0.165 5***	0.114 2***	0.114 8***	0.118 8***
	(0.019 8)	(0.019 8)	(0.019 6)	(0.019 6)	(0.019 6)
owner	5.192 2***	5.129 4***	3.767 0***	3.763 1***	3.102 8***
	(0.129 0)	(0.129 1)	(0.131 1)	(0.131 1)	(0.132 1)
lfp	2.227 8***	2.216 6***	1.056 3***	1.078 3***	0.825 9***
	(0.066 5)	(0.066 5)	(0.068 1)	(0.068 1)	(0.068 3)

表 4 – 16(续)

变量	(1)	(2)	(3)	(4)	(5)
ksize	− 1.788 9***	− 1.784 7***	− 1.545 6***	− 1.476 9***	− 1.429 6***
	(0.048 6)	(0.048 6)	(0.049 9)	(0.050 3)	(0.050 2)
exp	− 1.604 2***	− 1.589 5***	− 0.535 9***	− 0.640 2***	− 0.501 8***
	(0.164 0)	(0.164 0)	(0.166 8)	(0.167 1)	(0.166 9)
HHI	− 4.579 4***	− 4.580 3***	− 3.086 1**	− 2.120 5*	− 2.218 8*
	(1.236 0)	(1.235 8)	(1.253 5)	(1.256 6)	(1.254 5)
age	10.356 7***	10.357 2***	8.407 3***	8.359 0***	8.210 7***
	(0.355 7)	(0.355 6)	(0.357 9)	(0.357 9)	(0.357 3)
age^2	− 0.961 3***	− 0.959 7***	− 0.665 2***	− 0.664 3***	− 0.617 8***
	(0.083 6)	(0.083 6)	(0.083 5)	(0.083 5)	(0.083 4)
常数项	37.136 9***	37.136 9***	37.136 9***	37.136 9***	37.136 9***
	(0.746 6)	(0.746 6)	(0.746 6)	(0.746 6)	(0.746 6)
企业固定效应	不控制	控制	控制	控制	控制
时间固定效应	不控制	不控制	控制	控制	控制
行业固定效应	不控制	不控制	不控制	控制	控制
省份固定效应	不控制	不控制	不控制	不控制	控制
Observations	397 528	397 528	397 528	397 528	397 528
R – squared	0.019 1	0.019 3	0.037 3	0.037 5	0.040 7

第三节 企业异质性分析

一、要素密集度异质性

根据企业要素密集度的差异,可将企业分为资本密集型企业和劳动密集型企业[①]。表 4 – 17 所示为区分企业要素密集度异质性下贸易摩擦频率对出口国内增加值率影响的回归结果。第(1)和(3)列为没有控制任何固定效应的回归结果;第

---

① 具体区分方法及对照表见附录"资本密集型、劳动密集型和技术密集型分类标准"。

（2）~（4）列为控制了企业固定效应、时间固定效应、行业固定效应和省份固定效应的回归结果。对于资本密集型企业来说，贸易摩擦频率的系数值稳定在 −0.04 ~ −0.02，系数符号和显著性水平未发生较大变化，说明贸易摩擦频率对出口增加值率的影响方向较为稳健，并均通过 1% 水平的显著性检验；对于劳动密集型企业来说，贸易摩擦频率的系数值稳定在 −0.09 ~ −0.06，系数符号和显著性水平未发生较大变化，说明贸易摩擦频率对出口增加值率的影响方向较为稳健，并均通过 1% 水平的显著性检验；各控制变量回归结果也与总体样本回归结果类似，说明当企业受到反倾销调查的频率增加时，资本密集型和劳动密集型企业的出口国内增加值率均会显著降低。由于劳动密集型企业的贸易摩擦频率系数绝对值大于资本密集型企业，表明劳动密集型企业受贸易摩擦频率的影响更大。出现这种不同的结果，其可能的原因是劳动密集型企业相对资本密集型企业抵御外部贸易环境冲击的韧性较小，每次遭遇贸易摩擦都会受到较大的影响。

表 4 − 17　企业异质性：要素密集度

变量	资本密集型		劳动密集型	
	（1）	（2）	（3）	（4）
INIT	− 0.039 0***	− 0.023 9***	− 0.081 8***	− 0.061 5***
	(0.008 6)	(0.008 6)	(0.007 2)	(0.007 2)
owner	5.549 2***	3.606 3***	4.669 8***	2.523 3***
	(0.176 1)	(0.181 8)	(0.189 7)	(0.192 7)
lfp	1.195 7***	0.043 9	3.673 3***	1.931 1***
	(0.091 9)	(0.095 9)	(0.098 2)	(0.100 6)
ksize	− 1.676 8***	− 1.326 6***	− 1.540 9***	− 1.398 6***
	(0.065 2)	(0.067 5)	(0.075 4)	(0.076 5)
exp	− 1.230 7***	− 0.376 5	− 2.260 0***	− 0.627 3***
	(0.229 6)	(0.234 1)	(0.238 2)	(0.243 3)
HHI	− 3.335 8***	− 2.422 3*	− 38.952 6***	17.847 7
	(1.249 9)	(1.291 7)	(12.020 2)	(12.464 9)
age	10.825 4***	8.703 5***	9.368 2***	7.723 0***
	(0.475 7)	(0.482 2)	(0.543 6)	(0.540 5)
age^2	− 1.061 1***	− 0.683 1***	− 0.754 3***	− 0.585 1***
	(0.109 1)	(0.109 7)	(0.132 2)	(0.130 9)

表 4 - 17(续)

变量	资本密集型		劳动密集型	
	(1)	(2)	(3)	(4)
常数项	55.608 4***	39.262 9***	44.902 1***	29.652 2***
	(0.851 8)	(1.123 5)	(0.945 2)	(1.098 9)
企业固定效应	不控制	控制	不控制	控制
时间固定效应	不控制	控制	不控制	控制
行业固定效应	不控制	控制	不控制	控制
省份固定效应	不控制	控制	不控制	控制
Observations	214 606	214 606	182 922	182 922
R – squared	0.017 6	0.034 0	0.023 8	0.051 8

二、所有制企业异质性

根据企业所有制的差异,可将企业分为国有企业、外商独资企业、中外合资企业、私营企业和集体企业①,表 4 - 18 所示为区分企业所有权下贸易摩擦频率对出口国内增加值率影响的回归结果。第(1)~(5)列分别为国有企业、外商独资企业、中外合资企业、私营企业和集体企业受到贸易摩擦频率对出口国内增加值率的影响,并控制了企业固定效应、时间固定效应、行业固定效应和省份固定效应的回归结果。对于国有企业来说,贸易摩擦频率的系数值为 - 0.022 5,但没有通过10% 水平的显著性检验,说明贸易摩擦频率对国有企业出口增加值率的影响作用不明显;对于外商独资企业来说,贸易摩擦频率的系数值为 - 0.032 5,通过 1% 水平的显著性检验,说明贸易摩擦频率对外商独资企业出口国内增加值率具有显著的抑制作用;对于中外合资企业来说,贸易摩擦频率的系数值为 - 0.053 1,通过1% 水平的显著性检验,说明贸易摩擦频率对外商独资企业出口国内增加值率具有显著的抑制作用;对于私营企业来说,贸易摩擦频率的系数值为 - 0.031 7,通过1% 水平的显著性检验,说明贸易摩擦频率对外商独资企业出口国内增加值率具有显著的抑制作用;对于集体企业来说,贸易摩擦频率的系数值为 - 0.024 3,没有通过10% 水平的显著性检验,说明贸易摩擦频率对国有企业出口国内增加值率的影响作用不明显。综上所述,贸易摩擦频率对国有企业和集体企业的出口国内增加值率影响作用不显著,对外商独资企业、中外合资企业和私营企业具有显著的抑制作用。出现这种结果可能的原因是,外商独资企业、中外合资企业和私营企业的产

---

① 根据中国海关数据库和工业企业数据库标识区分。

权一般是归个人所有或者是上市公司,并倾向于追求企业利润和个人利益最大化,市场化程度较高,每次遭遇贸易摩擦都会受到较大的影响。

表4-18 企业异质性:所有制差异

变量	国有企业	外商独资企业	中外合资企业	私营企业	集体企业
	(1)	(2)	(3)	(4)	(5)
INIT	-0.022 5	-0.032 5***	-0.053 1***	-0.031 7**	-0.024 3
	(0.022 2)	(0.008 2)	(0.010 3)	(0.015 0)	(0.020 2)
lfp	-1.330 2***	1.651 6***	0.824 2***	0.204 6	-0.174 6
	(0.323 1)	(0.114 5)	(0.142 6)	(0.182 1)	(0.357 5)
ksize	-1.209 3***	-1.509 0***	-1.464 6***	-1.879 7***	-2.650 6***
	(0.225 5)	(0.087 1)	(0.107 1)	(0.133 3)	(0.255 5)
exp	0.042 0	0.767 2***	-0.047 9	0.506 7	-1.699 2*
	(1.122 7)	(0.275 8)	(0.353 9)	(0.427 5)	(0.946 2)
HHI	-2.854 2	0.836 3	-3.093 4	-2.075 3	-8.602 5
	(6.590 4)	(2.441 0)	(4.000 3)	(2.934 0)	(8.493 6)
age	4.473 9**	10.731 8***	6.317 5***	3.202 1***	-0.784 9
	(1.840 7)	(0.761 5)	(0.965 0)	(1.012 4)	(2.237 2)
age^2	-0.530 9	-1.344 9***	-0.803 4***	-0.120 8	0.413 2
	(0.328 1)	(0.201 3)	(0.243 1)	(0.231 1)	(0.433 3)
常数项	69.411 3***	27.321 5***	43.633 7***	78.190 5***	87.702 6***
	(3.864 7)	(1.299 4)	(1.556 7)	(3.060 0)	(4.139 9)
企业固定效应	控制	控制	控制	控制	控制
时间固定效应	控制	控制	控制	控制	控制
行业固定效应	控制	控制	控制	控制	控制
省份固定效应	控制	控制	控制	控制	控制
Observations	15 746	128 869	84 814	67 470	14 867
R-squared	0.024 8	0.065 7	0.052 9	0.010 1	0.029 0

三、技术水平异质性

根据企业所属行业技术水平的差异,可将企业分为低端行业企业、中低端行业企业、中高端行业企业和高端行业企业①。表4-19所示为区分企业所处行业技术水平下贸易摩擦频率对出口国内增加值率影响的回归结果。第(1)~(4)列分别为低端行业企业、中低端行业企业、中高端行业企业、高端行业企业受到贸易摩擦频率对出口国内增加值率的影响,并控制了企业固定效应、时间固定效应、行业固定效应和省份固定效应的回归结果。对于低端行业企业来说,贸易摩擦频率的系数值为-0.0586,通过1%水平的显著性检验,说明贸易摩擦频率对低端行业企业出口国内增加值率具有显著的抑制作用;对于中低端行业企业来说,贸易摩擦频率的系数值为-0.0212,通过10%水平的显著性检验,说明贸易摩擦频率对中低端行业企业出口国内增加值率具有显著的抑制作用;对于中高端行业企业来说,贸易摩擦频率的系数值为-0.0477,通过1%水平的显著性检验,说明贸易摩擦频率对中高端行业企业出口国内增加值率具有显著的抑制作用;对于私营企业来说,贸易摩擦频率的系数值为-0.0016,没有通过10%水平的显著性检验,说明贸易摩擦频率对高端行业企业出口国内增加值率没有显著的抑制作用。综上所述,贸易摩擦频率对高端行业企业的出口国内增加值率影响作用不显著,对低端行业企业、中低端行业企业和中高端行业企业具有显著的抑制作用。出现这种结果可能的原因是,当低端行业企业短期内遭遇贸易摩擦时受到的影响较大,中低端行业企业和中高端行业企业遭遇贸易摩擦时,出口国内增加值率也会受到一定的影响;当高端行业企业遭遇贸易摩擦时,由于高端行业企业一般具有更高的技术含量和附加值,能较好地抵御贸易摩擦这种外部的冲击。

表4-19 企业异质性:技术水平

变量	低端行业企业	中低端行业企业	中高端行业企业	高端行业企业
	(1)	(2)	(3)	(4)
INIT	-0.0586***	-0.0212*	-0.0477***	-0.0016
	(0.0078)	(0.0120)	(0.0140)	(0.0153)
owner	2.1045***	3.3041***	4.2345***	1.5685***
	(0.2134)	(0.3212)	(0.2376)	(0.3646)
lfp	2.0822***	0.1243	-0.2852**	-0.2166
	(0.1125)	(0.1703)	(0.1306)	(0.1809)
ksize	-1.3093***	-1.5436***	-1.4250***	-1.1696***
	(0.0852)	(0.1240)	(0.0900)	(0.1283)

① 具体区分方法及对照表见附录"低端、中低端、中高端和高端行业分类标准"。

表 4 - 19（续）

变量	低端行业企业	中低端行业企业	中高端行业企业	高端行业企业
	（1）	（2）	（3）	（4）
exp	- 0.305 8	- 2.684 3***	1.319 1***	- 0.033 2
	(0.269 4)	(0.410 0)	(0.317 1)	(0.445 4)
HHI	8.346 7	56.775 3***	- 3.919 2***	- 48.119 6***
	(12.798 9)	(14.926 6)	(1.346 3)	(17.808 2)
age	7.867 2***	7.277 0***	9.098 0***	9.810 2***
	(0.599 3)	(0.892 9)	(0.621 1)	(0.980 7)
age^2	- 0.707 9***	- 0.431 2**	- 0.812 8***	- 0.760 1***
	(0.145 6)	(0.214 5)	(0.138 1)	(0.229 4)
常数项	29.128 9***	23.237 5***	43.490 2***	47.001 5***
	(1.239 3)	(2.298 7)	(1.549 2)	(2.290 8)
企业固定效应	控制	控制	控制	控制
时间固定效应	控制	控制	控制	控制
行业固定效应	控制	控制	控制	控制
省份固定效应	控制	控制	控制	控制
Observations	148 660	68 091	125 455	55 322
R - squared	0.055 4	0.041 7	0.030 6	0.042 9

四、贸易方式异质性

根据企业贸易方式的差异,可将企业分为一般贸易企业、加工贸易企业和混合贸易企业[①]。表 4 - 20 所示为区分企业贸易方式下贸易摩擦频率对出口国内增加值率影响的回归结果。第(1)~(3)列分别为一般贸易企业、加工贸易企业和混合贸易企业受到贸易摩擦频率对出口国内增加值率的影响,并控制了企业固定效应、时间固定效应、行业固定效应和省份固定效应的回归结果。对于一般贸易企业来说,贸易摩擦频率的系数值为 - 0.009 7,没有通过 10% 水平的显著性检验,说明贸易摩擦频率对一般贸易企业出口国内增加值率的影响作用不明显;对于加工贸易

---

① 具体区分方法及对照表见附录"海关数据库中企业性质和贸易方式分类"。

企业来说,贸易摩擦频率的系数值为 - 0.042 9,通过 5% 水平的显著性检验,说明贸易摩擦频率对加工贸易企业出口国内增加值率具有显著的抑制作用;对于混合贸易企业来说,贸易摩擦频率的系数值为 - 0.017 5,通过 1% 水平的显著性检验,说明贸易摩擦频率对混合贸易企业出口国内增加值率具有显著的抑制作用。综上所述,贸易摩擦频率对一般贸易企业的出口国内增加值率影响作用不显著,对加工贸易企业和混合贸易企业具有显著的抑制作用。出现这种结果可能的原因是,进行一般贸易的企业往往是相对发展比较成熟的企业,加工贸易类企业则不需交关税和增值税,生产的往往是中间产品,在遭遇贸易摩擦时受到的影响更为显著。

表 4 - 20　企业异质性:贸易方式

变量	一般贸易企业	加工贸易企业	混合贸易企业
	(1)	(2)	(3)
INIT	- 0.009 7	- 0.042 9**	- 0.017 5***
	(0.012 0)	(0.019 0)	(0.006 2)
lfp	- 1.213 2***	- 0.694 8***	1.035 8***
	(0.116 0)	(0.134 8)	(0.102 0)
ksize	- 1.698 1***	- 0.955 6***	0.775 4***
	(0.084 0)	(0.107 8)	(0.073 7)
exp	8.775 1***	6.085 4***	2.090 2***
	(0.292 6)	(0.330 4)	(0.253 3)
HHI	- 5.562 7***	31.496 1***	0.415 9
	(1.732 6)	(8.685 8)	(1.689 1)
age	4.200 7***	16.909 1***	12.418 0***
	(0.512 9)	(0.911 2)	(0.529 7)
age^2	- 0.110 9	- 2.003 5***	- 1.694 4***
	(0.118 0)	(0.207 3)	(0.126 9)
常数项	80.057 6***	15.443 5***	3.855 3***
	(1.292 5)	(1.695 4)	(1.047 8)
企业固定效应	控制	控制	控制
时间固定效应	控制	控制	控制
行业固定效应	控制	控制	控制

表 4 – 20（续）

变量	一般贸易企业	加工贸易企业	混合贸易企业
	(1)	(2)	(3)
省份固定效应	控制	控制	控制
Observations	130 326	99 333	167 869
R – squared	0.046 9	0.080 0	0.047 6

五、东中西部地区异质性

根据企业所在地区的差异,可将企业分为东部地区企业、中部地区企业和西部地区企业。表 4 – 21 所示为区分企业所处东中西部地区下贸易摩擦频率对出口国内增加值率影响的回归结果①。第(1)~(3)列分别为东部地区企业、中部地区企业和西部地区企业受到贸易摩擦频率对出口国内增加值率的影响,并控制了企业固定效应、时间固定效应、行业固定效应和省份固定效应的回归结果。对于东部地区企业来说,贸易摩擦频率的系数值为 - 0.044 5,通过 1% 水平的显著性检验,说明贸易摩擦频率对东部地区企业出口国内增加值率具有显著的抑制作用;对于中部地区企业来说,贸易摩擦频率的系数值为 - 0.113 5,通过 1% 水平的显著性检验,说明贸易摩擦频率对中部地区企业出口国内增加值率具有显著的抑制作用;对于西部地区企业来说,贸易摩擦频率的系数值为 - 0.015 6,没有通过 10% 水平的显著性检验,说明贸易摩擦频率对西部地区企业出口国内增加值率的影响作用不明显。综上所述,贸易摩擦频率对西部地区企业的出口国内增加值率的影响作用不显著,对东部地区和中部地区企业具有显著的抑制作用。出现这种结果可能的原因是,从事国外贸易的企业所在地绝大部分属于东部地区,这部分企业往往是国外对华贸易摩擦的重点对象,遭遇贸易摩擦对企业的出口国内增加值率带来较大影响。

表 4 – 21　企业异质性:东中西部地区

变量	东部地区企业	中部地区企业	西部地区企业
	(1)	(2)	(3)
INIT	- 0.044 5***	- 0.113 5***	- 0.015 6
	(0.005 7)	(0.024 8)	(0.063 2)

---

① 具体区分方法及对照表见附录"各区域分类及省区行政代码"。

表 4 - 21（续）

变量	东部地区企业	中部地区企业	西部地区企业
	（1）	（2）	（3）
lfp	0.957 0***	0.156 3	-0.262 5
	(0.073 8)	(0.214 3)	(0.379 0)
ksize	-1.591 6***	-0.796 9***	-1.461 2***
	(0.054 4)	(0.158 0)	(0.281 6)
exp	-0.817 7***	-1.353 2**	0.991 0
	(0.174 2)	(0.596 0)	(1.203 0)
HHI	-2.707 4**	1.265 9	3.700 4
	(1.328 4)	(4.585 6)	(6.925 1)
age	7.076 7***	8.712 0***	8.751 8***
	(0.388 6)	(1.085 6)	(1.900 4)
age^2	-0.289 8***	-0.961 0***	-1.064 9***
	(0.092 1)	(0.242 2)	(0.384 9)
常数项	39.016 4***	43.428 6***	59.196 7***
	(0.792 7)	(2.499 7)	(4.543 8)
企业固定效应	控制	控制	控制
时间固定效应	控制	控制	控制
行业固定效应	控制	控制	控制
省份固定效应	控制	控制	控制
Observations	352 985	33 978	10 565
R - squared	0.042 3	0.027 3	0.021 5

第四节　扩展分析：世界投入产出表数据库下宏观层面的检验

一、模型设定和变量选取

对于模型的设定，借鉴前文的分析，构建如下模型：

$$\text{DVAR}_{jt} = \beta_0 + \beta_1 \text{INIT}_{jt} + \beta_2 \text{Controls}_{jt} + v_t + v_j + v_c + \varepsilon_{jt} \quad (4-17)$$

控制变量的集合为

$$\text{Controls}_{jt} = \text{IPR}_{jt} + \text{Price}_{jt} + \text{LR}_{jt} + \text{AS}_{jt} \tag{4-18}$$

被解释变量,即行业 j 在 t 年的出口增加值率用 DVAR_{jt} 表示。根据王直等 (2015)的研究,国内增加值包括被国外吸收的国内增加值(DVA)[①]和返回并被本国吸收的国内增加值(RDV)[②]之和,国外增加值为 FVA[③],出口国内增加值率等于国内增加值与国内增加值和国外增加值之和的比值,具体的构建如下:

$$\begin{aligned} \text{DVA} = {} & (V^S B^{SS})' \# Y^{SR} + (V^S L^{SS})' \#(A^{SR} B^{RR} Y^{RR}) + (V^S L^{SS})' \#(A^{SR} B^{RT} Y^{TT}) \\ & + (V^S L^{SS})' \#(A^{SR} B^{RR} Y^{RT}) + (V^S L^{SS})' \#(A^{SR} B^{RT} Y^{TR}) \end{aligned} \tag{4-19}$$

$$\begin{aligned} \text{RDV} = {} & (V^S L^{SS})' \#(A^{SR} B^{RR} Y^{RS}) + (V^S L^{SS})' \#(A^{SR} B^{RT} Y^{TS}) \\ & + (V^S L^{SS})' \#(A^{SR} B^{RS} Y^{SS}) \end{aligned} \tag{4-20}$$

$$\begin{aligned} \text{FVA} = {} & (V^R B^{RS})' \# Y^{SR} + (V^R B^{RS})' \#(A^{SR} L^{RR} Y^{RR}) \\ & + (V^T B^{TS})' \# Y^{SR} + (V^T B^{TS})' \#(A^{SR} L^{RR} Y^{RR}) \end{aligned} \tag{4-21}$$

$$\text{DVAR} = (\text{DVA} + \text{RDV})/(\text{DVA} + \text{RDV} + \text{FVA}) \tag{4-22}$$

INIT_{jt} 为贸易摩擦频率指标,是本章的核心解释变量,用行业所遭受的反倾销调查频率来表示。Controls_{jt} 是控制变量,v_t 是时间固定效应,v_j 是行业固定效应,v_c 是国家固定效应,IPR_{jt} 表示行业 j 在 t 年的进口渗透率,Price_{jt} 表示行业 j 在 t 年的总产出价格水平,LR_{jt} 表示行业 j 在 t 年的劳动报酬,AS_{jt} 表示行业 j 在 t 年的员工工资。

二、数据来源与处理

第一套数据库。世界投入产出表(WIOD)。现有的跨国投入产出表主要包括 WIOD[④]、OECD - ICIO[⑤]、GTAP - ICIO[⑥]、ADB - ICIO[⑦] 等,世界投入产出表拥有比较全面可比的国家行业层面数据,比较适合测算国家的全球价值链相关指标。本书主要研究贸易摩擦频率对中国出口增加值的影响,使用 WIOD 数据库可以保证中

---

① DVA 为王直等(2015)将双边总出口分解为 16 个部分中的第 1~5 部分。

② RDV 为王直等(2015)将双边总出口分解为 16 个部分中的第 6~8 部分。

③ FVA 为王直等(2015)将双边总出口分解为 16 个部分中的第 11、12、14 和 15 部分。

④ 世界投入产出数据库目前公布了两个版本数据,分别是 2013 版包含 1995 - 2011 年数据、35 个行业和 40 个国家的世界投入产出表,及 2016 版包含 2000—2014 年数据、56 个行业和 43 个国家的世界投入产出表。

⑤ OECD 是经济合作与发展组织的简称,2018 年更新的国家间投入产出数据库,是以各国官方投入产出表为基础,整理成涵盖 64 个,36 个行业,2005 年至 2015 年的全球数据库。

⑥ GTAP 英文全称为 Global Trade Analysis Project,中文名称为全球贸易分析模型,GTAP 数据库包含完整的双边贸易、交通以及贸易壁垒数据,目前的 GTAPv10 版本覆盖了 121 个国家数据以及 20 个区域集合。

⑦ ADB 英文全称为 Asian Development Bank,ADB - ICIO 是来自于亚洲开发银行的投入产出数据。

国与其他国家出口增加值相关指标测算的一致性和可比性,从而有效考察贸易摩擦频率如何影响中国行业出口国内增加值率,而且相对便于和其他数据库匹配,因此选择使用 WIOD 数据库展开研究。根据整理 WIOD 数据库 2000—2014 年的数据情况,由于制造业是当前中国遭受贸易摩擦频率最严重的行业,并且与中国发生贸易摩擦频率较高的主要是来自美国和欧洲的国家,因此最终选择 16 个伙伴国和 18 个制造业行业的数据进行实证分析。

第二套数据库。临时性贸易壁垒数据库(TTBD)。临时性贸易壁垒数据库中包含了贸易摩擦频率事件开始时间、结束时间等相关信息的原始数据。由于不同数据库的编码标准不一样,TTBD 中统计的是产品层面的贸易摩擦频率事件,以 HS 编码进行编撰,而 WIOD 则是在行业层面,以 ISIC 编码进行编撰。除此之外,还有一些常用的国际分类标准,例如 BEC 和 SITC。为了解决两个数据库的行业匹配问题,本书首先将 TTBD 的 HS 编码按照 WTO 海关编码统一编码,随后将 HS 编码与对应的 ISIC 行业编码进行匹配,再将 ISIC 行业编码归入经济活动系统命名方法(NACE)中,再将 NACE 归入 WIOD 的相应行业中,最后完成世界投入产出数据和贸易摩擦频率数据的匹配,其他变量的数据来源分别为 WIOD 及 UNCTAD 贸易数据库[①]。除被解释变量、核心解释变量和控制变量外,选择行业受到的初步判定损害 PI、初步判定倾销 PD 和最终判定倾销 FD 替换核心解释变量 INIT 进行稳健性检验,主要变量的描述性统计结果如 4 – 22 表所示。

表 4 – 22　描述性统计

变量	样本数	平均值	标准差	最小值	最大值
DVAR	3 015	0.845	0.055	0.613	0.958
INIT	3 015	8.898	28.668	0	393
PI	3 015	7.785	27.746	0	393
PD	3 015	7.816	27.757	0	393
FD	3 015	7.605	27.163	0	393
IPR	3 015	0.013	0.128	− 2.787	3.108
Price	3 015	1.097	0.35	0.487	6.008
LR	2 925	9.986	20.081	0.015	186.649
AS	2 925	11.685	23.824	0.017	229.259

---

① UNCTAD 英文全称为 United Nations Conference on Trade and Development,中文名称为联合国贸易和发展会议,官方网站为:https://unctad. org/。

三、实证结果与分析

表 4-23 所示为贸易摩擦频率与出口国内增加值率的基准回归结果。第 (1)~第(5)列为逐次添加控制变量的回归结果。由于遗漏某些变量可能会导致估计产生内生性问题,因此为了缓解因遗漏变量而引起的内生性问题控制了行业固定效应、时间固定效应、国家固定效应。贸易摩擦频率的系数值稳定在 -0.005~-0.004,系数符号和显著性水平未发生较大变化,说明贸易摩擦频率对出口增加值率的影响方向较为稳健,并均通过 1% 水平的显著性检验,说明当行业遭遇贸易摩擦频率增加时,企业的出口国内增加值率将会显著降低,即贸易摩擦频率对出口国内增加值率具有显著抑制作用。对于控制变量来说,行业总产出价格水平的提高,有利于提升行业出口国内增加值率,但进口渗透率的增加对行业出口国内增加值率有一定的抑制作用。行业劳动报酬越高的行业,其出口国内增加值率越高,但行业的员工工资越高的行业,其出口国内增加率偏低,控制变量的系数值均通过 1% 水平的显著性检验。

表 4-23 基准回归结果

变量	(1)	(2)	(3)	(4)	(5)
INIT	-0.004 5***	-0.004 2***	-0.004 5***	-0.004 8***	-0.004 8***
	(0.001 4)	(0.001 4)	(0.001 4)	(0.001 5)	(0.001 5)
IPR		-0.596 4**	-0.602 6**	-0.608 3**	-0.611 7**
		(0.254 3)	(0.254 2)	(0.256 0)	(0.255 7)
Price			0.234 2**	0.361 3***	0.336 9***
			(0.114 1)	(0.121 2)	(0.121 5)
LR				0.003 7	0.034 1***
				(0.002 8)	(0.012 1)
AS					-0.026 1***
					(0.010 1)
常数项	85.128 4***	85.138 1***	84.822 7***	84.567 7***	84.544 2***
	(0.339 6)	(0.339 4)	(0.372 4)	(0.390 4)	(0.390 2)
行业固定效应	控制	控制	控制	控制	控制
年份固定效应	控制	控制	控制	控制	控制
国家固定效应	控制	控制	控制	控制	控制
Observations	3 015	3 015	3 015	2 925	2 925
R-squared	0.897 3	0.897 5	0.897 6	0.897 4	0.897 6

　　贸易伙伴国对中国某行业发起反倾销调查后,初步判定损害、初步判定中国该行业存在倾销行为和最终判定中国该行业存在倾销行为会对企业的出口国内增加值率带来一定影响。用行业的初步判定损害 PI、初步判定倾销 PD 和最终判定倾销 FD 作为贸易摩擦频率的代理变量进行稳健性检验。表 4-24 所示为替换解释变量的稳健性检验结果。第(1)(3)和(5)列是没有添加控制变量的估计结果,第(2)(4)和(6)列是添加控制变量的估计结果,均控制了行业固定效应、年份固定效应和国家固定效应。初步判定损害 PI、初步判定倾销 PD 和最终判定倾销 FD 的系数值均为负值,并均通过 1% 水平的显著性检验,说明当行业遭遇贸易摩擦频率增加时,企业的出口国内增加值率将会显著降低,即贸易摩擦频率对出口国内增加值率具有显著抑制作用,进一步说明了研究结果的可靠性。

表 4-24　稳健性检验:替换解释变量

变量	(1)	(2)	(3)	(4)	(5)	(6)
PI	-0.003 9***	-0.004 4***				
	(0.001 5)	(0.001 5)				
LR		0.034 8***		0.034 8***		0.034 8***
		(0.012 1)		(0.012 1)		(0.012 1)
AS		-0.026 5***		-0.026 5***		-0.026 5***
		(0.010 1)		(0.010 1)		(0.010 1)
Price		0.329 6***		0.329 9***		0.327 6***
		(0.121 4)		(0.121 4)		(0.121 4)
IPR		-0.625 4**		-0.624 8**		-0.634 6**
		(0.255 7)		(0.255 6)		(0.255 6)
PD			-0.004 0***	-0.004 4***		
			(0.001 5)	(0.001 5)		
FD					-0.003 8**	-0.004 3***
					(0.001 5)	(0.001 5)
常数项	85.143 9***	84.558 1***	85.385 8***	84.556 7***	85.146 3***	84.560 8***
	(0.339 6)	(0.390 2)	(0.338 9)	(0.390 2)	(0.339 7)	(0.390 3)
行业固定效应	控制	控制	控制	控制	控制	控制
年份固定效应	控制	控制	控制	控制	控制	控制
国家固定效应	控制	控制	控制	控制	控制	控制
Observations	3 015	2 925	3 015	2 925	3 015	2 925
R-squared	0.897 2	0.897 6	0.897 2	0.897 6	0.897 2	0.897 5

考虑到当行业 j 在 t 年遭遇贸易摩擦时,行业 j 在 t 年出口国内增加值率的变化未必能够得到明显的体现,可能在 $t+1$ 年才会反映出来,或者行业 j 在 t 年出口国内增加值率的变化会受到 $t-1$ 年的贸易摩擦的影响,表 4-25 所示为上述分析的贸易摩擦频率对行业出口国内增加值率影响的回归结果。L. INIT、L. PI、L. PD、L. FD 分别表示企业受到滞后一期的反倾销调查频率、初步判定损害、初步判定倾销和最终判定倾销。控制企业固定效应、时间固定效应、行业固定效应和省份固定效应,L. INIT、L. PI、L. PD、L. FD 的系数均为负值,并均通过 1% 水平的显著性检验,说明滞后一期的贸易摩擦频率对出口国内增加值率具有显著抑制作用。

表 4-25　稳健性检验:滞后分析

变量	(1)	(2)	(3)	(4)
L. INIT	-0.004 9***			
	(0.001 6)			
L. PI		-0.004 2***		
		(0.001 6)		
L. PD			-0.004 2***	
			(0.001 6)	
L. FD				-0.004 0**
				(0.001 6)
LR	0.038 4***	0.039 1***	0.039 1***	0.039 1***
	(0.012 5)	(0.012 5)	(0.012 5)	(0.012 5)
AS	-0.028 6***	-0.029 0***	-0.029 0***	-0.029 0***
	(0.010 4)	(0.010 4)	(0.010 4)	(0.010 4)
Price	0.323 4**	0.313 6**	0.313 7**	0.311 2**
	(0.152 4)	(0.152 4)	(0.152 4)	(0.152 4)
IPR	-0.505 3*	-0.521 4**	-0.521 0**	-0.527 6**
	(0.261 0)	(0.260 9)	(0.260 9)	(0.260 9)
常数项	84.575 3***	84.570 4***	84.570 8***	84.568 8***
	(0.393 6)	(0.393 8)	(0.393 8)	(0.393 9)
行业固定效应	控制	控制	控制	控制
年份固定效应	控制	控制	控制	控制

表 4 - 25（续）

变量	（1）	（2）	（3）	（4）
国家固定效应	控制	控制	控制	控制
Observations	2 730	2 730	2 730	2 730
R - squared	0.900 0	0.899 9	0.899 9	0.899 9

根据行业要素密集度的差异，可将行业分为劳动密集型行业和资本密集型行业。表 4 - 26 所示为区分行业要素密集度异质性下贸易摩擦频率对出口国内增加值率影响的回归结果。第（1）和（3）列为没有控制任何固定效应的回归结果；第（2）~（4）列为控制了时间固定效应、行业固定效应和国家固定效应的回归结果。对于劳动密集型企业来说，在控制一系列固定效应后，贸易摩擦频率的系数值为 0.009 6，并均通过 1% 水平的显著性检验；对于资本密集型企业来说，在控制一系列固定效应后，贸易摩擦频率的系数值为 - 0.012，并均通过 1% 水平的显著性检验，说明当行业受到贸易摩擦频率增加时，劳动密集型行业的出口国内增加值率会有所提高，而资本密集型企业的出口国内增加值率均会显著降低。

表 4 - 26　异质性分析

变量	劳动密集型		资本密集型	
	（1）	（2）	（3）	（4）
INIT	- 0.000 7	0.009 6***	0.007 5*	- 0.012 0***
	（0.003 6）	（0.002 4）	（0.004 3）	（0.001 7）
LR	0.050 1	0.056 9*	- 0.047 1	0.069 2***
	（0.043 9）	（0.033 8）	（0.045 9）	（0.016 7）
AS	- 0.026 5	- 0.035 6	0.024 9	- 0.059 6***
	（0.032 5）	（0.023 8）	（0.041 0）	（0.015 6）
Price	0.541 5*	0.664 3***	- 1.400 1***	0.253 7*
	（0.308 9）	（0.234 7）	（0.340 9）	（0.133 6）
IPR	- 4.567 0***	- 2.409 0***	- 0.373 9	- 0.391 1
	（1.660 3）	（0.899 6）	（0.839 5）	（0.257 1）
常数项	87.058 9***	87.887 8***	85.030 2***	86.630 8***
	（0.369 2）	（0.510 2）	（0.399 7）	（0.451 3）
行业固定效应	不控制	控制	不控制	控制

表 4 - 26（续）

变量	劳动密集型		资本密集型	
	（1）	（2）	（3）	（4）
年份固定效应	不控制	控制	不控制	控制
国家固定效应	不控制	控制	不控制	控制
Observations	720	720	2 205	2 205
R - squared	0.026 9	0.738 9	0.014 6	0.910 4

第五节　本章小结

本章利用2000—2013年中国工业企业数据库、海关数据库和世界银行临时性贸易壁垒数据库匹配数据,检验贸易摩擦频率对企业出口国内增加值率的影响作用。研究表明,当企业遭遇贸易摩擦频率增加时,企业的出口国内增加值率将会显著降低,即贸易摩擦频率对出口国内增加值率具有显著抑制作用。

首先,本章对实证模型进行了一系列的稳健性检验,以企业遭遇反倾销初步判定损害、初步判定倾销和最终判定倾销频率为贸易摩擦频率的代理变量,企业的出口国内增加值率将会显著降低,即贸易摩擦频率对出口国内增加值率具有显著抑制作用,这和使用企业受到的反倾销调查频率作为贸易摩擦频率的代理变量结果一致,进一步验证了结果的稳健性。在整理数据实证分析过程中,个别变量的方差较大,存在极大值和极小值,贸易摩擦频率对出口国内增加值率具有显著抑制作用,这和对变量进行缩尾处理之前的结果一致,进一步验证了结果的稳健性。考虑当企业i在t年遭遇贸易摩擦频率时,企业i在t年出口国内增加值率的变化未必能够得到明显的体现,可能在$t+1$年才会反映出来,或者企业i在t年出口国内增加值率的变化会受到$t-1$年的贸易摩擦频率的影响,贸易摩擦频率对出口国内增加值率具有显著抑制作用。中国加入世界贸易组织对出口国内增加值率的影响方向较为稳健,并均通过1%水平的显著性检验,说明中国加入世界贸易组织对出口国内增加值率具有显著提升作用。WTO_INIT 的系数值为正值,系数符号和显著性水平未发生较大变化说明中国加入世界贸易组织对出口国内增加值率的影响方向较为稳健,并均通过1%水平的显著性检验,说明中国加入世界贸易组织后会降低贸易摩擦频率对出口国内增加值率的抑制作用。2008年金融危机后贸易摩擦频率对出口国内增加值率具有显著抑制作用。由于在金融危机发生后的贸易摩擦频率系数绝对值大于金融危机发生前,说明相对发生金融危机之前,发生金融危之后贸易摩擦频率对企业出口国内增加值率的影响作用更大一些;所有的检验结果和基准回归结果基本保持一致,这进一步说明了本书研究的稳健性和可靠性。

在回归过程中,由于遗漏变量造成误差项和解释变量相关等问题,从而造成系数估计的偏误,使用倍差法(DID)估计检验。倍差法可以很大程度上避免内生性问题的困扰,首先进行平行趋势检验,贸易摩擦频率对出口国内增加值率具有显著抑制作用。借鉴耿伟和杨晓亮(2020)的思路,使用企业遭遇贸易摩擦频率滞后一期作为工具变量,为进一步确定估计的稳健性进行两阶段最小二乘估计,解决了回归模型可能存在的内生性问题,并采用不同的基础回归模型后,贸易摩擦频率对企业出口国内增加值率具有显著抑制作用。

使用调节效应模型检验了贸易摩擦频率对中国制造业企业的出口国内增加值率的影响机制分析。研究表明,企业退出的增加将会弱化企业遭遇贸易摩擦频率对出口国内增加值率的抑制作用;成本加成定义为产品价格对边际成本的偏离,其大小通常度量了企业的市场势力和贸易利得,企业成本加成的提高有利于弱化企业遭遇贸易摩擦频率对出口增加值率的抑制作用;根据 Khandelwal 等(2013)的方法可得产品出口质量的测算,企业出口质量的提高有利于弱化企业遭遇贸易摩擦频率对出口国内增加值率的抑制作用;根据 OP 法考虑了中间投入的影响,本书采用此方法计算企业生产率,企业生产率的提高有利于弱化企业遭遇贸易摩擦频率对出口国内增加值率的抑制作用。

基于前述的分析,企业之间存在异质性。当企业遭遇贸易摩擦频率增加时,资本密集型和劳动密集型企业的出口国内增加值率均会显著降低,但劳动密集型企业遭遇贸易摩擦频率的影响更大;贸易摩擦频率对国有企业和集体企业的出口国内增加值率影响作用不显著,对外商独资企业、中外合资企业和私营企业具有显著的抑制作用;贸易摩擦频率对高端行业企业的出口国内增加值率影响作用不显著,对低端行业企业、中低端行业企业和中高端行业企业具有显著的抑制作用;贸易摩擦频率对一般贸易企业的出口国内增加值率影响作用不显著,对加工贸易和混合贸易企业具有显著的抑制作用;贸易摩擦频率对西部地区企业的出口国内增加值率影响作用不显著,对东部地区和中部地区企业具有显著的抑制作用。

利用 2000—2014 年世界投入产出表和临时性贸易壁垒数据库的匹配数据,研究了宏观层面以反倾销调查频率为代理变量的贸易摩擦频率对出口国内增加值率的影响作用。研究表明,当行业遭遇贸易摩擦频率增加时,企业的出口国内增加值率将会显著降低,使用初步判定损害、初步判定倾销和最终判定倾销作为核心解释变量进行检验,结果依然稳健。动态分析表明,滞后一期的贸易摩擦频率同样对行业出口国内增加值率具有显著抑制作用,通过异质性分析发现,贸易摩擦频率对出口国内增加值率的抑制作用主要来源于资本密集型行业。

第五章 贸易摩擦持续时间对企业 出口国内增加值率的影响

自加入世界贸易组织以来,中国的对外贸易迅速攀升,与之伴随的贸易摩擦也日益增多。中国与部分国家的贸易摩擦具有短期性,与部分国家的贸易摩擦具有长期性。例如与美国的贸易摩擦已持续多年,贸易摩擦持续时间会对企业出口国内增加值率带来一定的影响。本章在此基础之上,与本书第四章类似,使用中国海关数据库、工业企业数据、世界银行临时性贸易壁垒数据库等数据库的匹配数据,对理论模型中的研究命题进行检验。本章结构安排如下:第一节是模型设定和数据处理,包括模型设定、指标选取、数据来源和处理;第二节是实证回归结果,包括基准回归结果、稳健性检验、机制分析;第三节是企业异质性分析,包括要素密集度异质性、所有制造业异质性、技术水平异质性、贸易方式异质性和东中西部地区异质性;第四节是本章小结。

第一节 模型设定与数据处理

一、模型设定

对于如何衡量贸易摩擦的持续时间,本章参考余振等(2018)的做法,以世界主要国家对中国的反倾销调查持续时间作为代理变量来量化贸易摩擦的持续时间,即世界主要国家对中国的反倾销调查持续时间越长,就代表贸易摩擦的持续时间越长,反之则越低。借鉴毛其淋和许家云(2018)、毛其淋(2020)的模型,构建回归模型为

$$DVAR_{it} = \beta_0 + \beta_1 CXSJ_{it} + \beta_2 Controls_{it} + v_i + v_t + v_j + v_k + \varepsilon_{it} \quad (5-1)$$

控制变量的集合为

$$Controls_{it} = Owner_{it} + Cap_{it} + Size_{it} + Fc_{it} + HHI_{it} \quad (5-2)$$

被解释变量即企业 i 在 t 年的出口增加值率,用 $DVAR_{it}$ 表示。$CXSJ_{it}$ 为贸易摩擦持续时间指标,是本章的核心解释变量,用企业所遭受的反倾销调查持续时间来表示。$Controls_{it}$ 是控制变量,v_i 是企业固定效应,v_t 是时间固定效应,v_j 是行业固定效应,v_k 是省份固定效应,ε_{it} 为随机干扰项。为进一步探究企业出口国内增加值率的演变过程是如何通过贸易摩擦持续时间来传导的,借鉴张杰和杨连星(2016)

的做法,构建调节效应模型如下

$$\mathrm{DVAR}_{it} = \beta_0 + \beta_1 \mathrm{CXSJ}_{it} + \beta_2 \mathrm{CXSJ}_{it} \times \mathrm{Ad\_var}_{it} + \beta_3 \mathrm{Controls}_{it}$$
$$+ v_i + v_t + v_j + v_k + \varepsilon_{it} \tag{5-3}$$

调节效应模型在基础计量方程的基础上,加入了企业所遭受的反倾销调查持续时间 CXSJ_{it} 与调节变量 $\mathrm{Ad\_var}_{it}$ 的交互项,关注交互项的系数来判断调节变量 $\mathrm{Ad\_var}_{it}$ 对反倾销调查持续时间的调节作用。

二、指标选取

为进一步提高估计结果的准确性,需在计量模型中加入一系列控制变量。根据既有理论和相关研究文献,主要考虑以下因素作为控制变量。

企业的所有制(Owner_{it})。 Owner_{it} 表示企业 i 在 t 年的所有制情况,参考聂辉华等(2012)、沈国兵和袁征宇(2020)的做法,若企业 i 在 t 年是外资企业,则 Owner_{it} 的值设为1,若不是则设为0。

企业的资本劳动比(Cap_{it})。 Cap_{it} 表示企业 i 在 t 年的资本劳动比,参考李泽鑫等(2021)的做法,用企业实收资本与就业人数比值对数进行衡量。

企业规模(Size_{it})。 Size_{it} 表示企业 i 在 t 年的规模,参考张盼盼等(2020)的做法,用企业总就业人数并取对数表示。

企业的融资约束(Fc_{it})。 Fc_{it} 表示企业 i 在 t 年的融资约束,参考李泽鑫等(2021)的做法,用企业总负债与固定资产比值来表示。

企业所处的行业集中度(HHI_{it})。 HHI_{it} 表示企业 i 在 t 年所处的行业集中度,参考毛其淋(2019)的做法,选取行业赫芬达尔指数来表示行业的竞争状况。 $\mathrm{HHI}_{jt} = \sum_{i \in I_j} (\mathrm{sale}_{it} / \mathrm{sale}_{jt})^2$,其中 sale_{it} 表示企业 i 在 t 年的产品销售额; sale_{jt} 表示行业 j 在 t 年的产品销售额; I_j 表示行业 j 内的企业集合,该指标数值越大表明行业的市场集中度越大行业竞争程度越低,数值越小则反之。

三、数据来源和处理

本章主要涉及三组数据:一是中国工业企业数据库,数据来源于国家统计局,目前的数据包含了1998—2013年的数据;二是中国海关数据库,中国海关总署的产品层面交易数据记载了2000—2013年企业的每一条进出口交易信息;三是反倾销数据,来源于世界银行全球反倾销数据库,该数据库包含了全球所有国家在1985—2015年对外发起反倾销的数据。本书根据其整理出全球对华反倾销数据,所以本章的样本期间为2000—2013年,共包含14年样本数据。

以反倾销调查持续时间量化的贸易摩擦持续时间数据库中的数据来源于世界贸易组织下的临时性贸易壁垒数据库。参照田巍和余淼杰(2014)的方法对三套数据库进行匹配、合并。表 5 – 1 所示为主要变量的描述性统计,共匹配得到 406 418 个样本,控制变量已做对数处理。

表 5 – 1 描述性统计

变量	样本量	平均值	标准差	最小值	最大值
DVAR	406 418	0.644 7	0.397 6	0	1
CXSJ	406 418	0.028 8	0.346 7	0	14
Owp	406 418	0.569	0.495	0	1
Cap	406 418	3.745	1.469	– 7.438	12.245
Size	406 418	5.397	1.099	2.079	12.316
Fc	406 418	– 0.703	0.814	– 12.381	3.775
HHI	406 418	0.012	0.052	0.001	0.724

第二节 实证回归结果

一、基准回归结果

为避免遗漏重要解释变量可能会导致估计产生内生性的问题,本章在回归模型中尽量加入多个控制变量,并且分情况控制了非观测的企业固定效应、年份固定效应、行业固定效应和省份固定效应。表 5 – 2 所示为贸易摩擦持续时间与出口国内增加值率的基准回归结果。第(1)列为没有控制任何固定效应的回归结果;第(2)~(5)列分别为逐次控制了企业固定效应、时间固定效应、行业固定效应和省份固定效应的回归结果。贸易摩擦持续时间的系数值稳定在 – 1.0 ~ – 0.6,系数符号和显著性水平未发生较大变化,说明企业受到的贸易摩擦持续时间对出口增加值率的影响方向较为稳健,并均通过 1% 水平的显著性检验,这说明当企业受到贸易摩擦持续时间增加时,企业的出口国内增加值率将会显著降低,较好地验证了前文的研究假说。

从控制变量的估计结果来看:企业的所有制 Owner 的系数值正负符号较为稳定,并在不同的估计方程下均通过 1% 水平的显著性检验,表明当非外资企业数量增多时,有利于出口国内增加值率的提高;当外资企业数量减少时,将会降低企业整体出口国内增加值率。企业的资本劳动比 Cap 的系数为负数且较为稳定,并在不同的估计方程下均通过 1% 水平的显著性检验,表明当企业的资本劳动比提高时,出口国内增加值率会相应地降低。企业的规模 Size 系数值为正,在没有控制固定效应和控制企业固定效应时,均通过1%水平的显著性检验,在控制企业控制效应和时间固定效应及控制企业控制效应、时间固定效应和行业固定效应与控制企业控制效应、时间固定效应、行业固定效应和省份固定效应没有通过10%水平的显著性检验,总体上说明当企业规模变大时,企业的出口国内增加值率将会有一定程度上的提高。企业的融资约束 Fc 的估计系数为负,在没有控制固定效应和控制企业固定效应时,均通过10%水平的显著性检验,在控制企业控制效应和时间固定效应通过5%水平的显著性检验,控制企业控制效应、时间固定效应和行业固定效应与控制企业控制效应、时间固定效应、行业固定效应和省份固定效应,没有通过10%水平的显著性检验,总体上可说明当企业的融资约束越高时,企业的出口国内增加值率将会受到一定抑制。企业所处的行业集中度 HHI 的符号为正,在没有控制固定效应和逐步控制了企业固定效应和年份固定效应后,通过1%水平的显著性检验,在此基础上控制了行业固定效应和省份固定效应后,也通过1%水平的显著性检验,整体上说明企业所处的行业竞争程度越高越不利于提高出口国内增加值率。

表 5 - 2　基准回归结果

变量	(1)	(2)	(3)	(4)	(5)
CXSJ	-0.635 1***	-0.622 6***	-0.967 1***	-0.933 7***	-0.989 3***
	(0.162 7)	(0.162 7)	(0.161 0)	(0.161 0)	(0.160 7)
Owp	0.668 5***	0.670 2***	0.840 6***	0.764 2***	0.805 6***
	(0.045 8)	(0.045 8)	(0.045 4)	(0.045 9)	(0.045 9)
Cap	-0.716 5***	-0.707 8***	-0.874 9***	-0.844 6***	-0.626 5***
	(0.057 3)	(0.057 3)	(0.058 4)	(0.058 4)	(0.058 6)
Size	0.490 5***	0.480 6***	0.078 0	0.116 0	-0.040 6
	(0.080 5)	(0.080 5)	(0.083 3)	(0.083 3)	(0.083 3)
Fc	-2.162 8*	-2.173 9*	-2.551 1**	-1.575 6	-1.709 8
	(1.191 9)	(1.191 7)	(1.206 8)	(1.210 1)	(1.208 2)
HHI	5.268 1***	5.201 7***	3.147 2***	3.190 0***	2.542 9***
	(0.126 7)	(0.126 8)	(0.129 4)	(0.129 4)	(0.130 5)
常数项	68.943 5***	67.760 4***	49.342 8***	49.988 0***	46.482 1***
	(0.399 0)	(0.414 2)	(0.560 7)	(0.563 8)	(0.571 5)
企业固定效应	不控制	控制	控制	控制	控制

表 5 - 2(续)

变量	(1)	(2)	(3)	(4)	(5)
时间固定效应	不控制	不控制	控制	控制	控制
行业固定效应	不控制	不控制	不控制	控制	控制
省份固定效应	不控制	不控制	不控制	不控制	控制
Observations	406 418	406 418	406 418	406 418	406 418
R - squared	0.006 0	0.006 2	0.028 6	0.028 9	0.031 9

注:圆括号内数值为标准误,*、**、***分别表示10%、5%和1%的显著性水平。下表同。

二、稳健性检验

贸易伙伴国对中国某企业发起反倾销调查后,初步判定该中国企业存在损害会对企业的出口国内增加值率带来一定影响。表 5 - 3 所示为以反倾销初步判定损害持续时间为代理变量的贸易摩擦持续时间对企业出口国内增加值率影响的回归结果。第(1)列为没有控制任何固定效应的回归结果;第(2) ~ (5)列分别为逐次控制了企业固定效应、时间固定效应、行业固定效应和省份固定效应的回归结果。贸易摩擦持续时间的系数值稳定在 - 2.5 ~ - 1.6,系数符号和显著性水平未发生较大变化,说明贸易摩擦持续时间对企业出口国内增加值率的影响方向较为稳健,均通过 1% 水平的显著性检验,说明当企业受到贸易摩擦持续时间增加时,企业的出口国内增加值率将会显著降低,即贸易摩擦持续时间对企业出口国内增加值率具有显著抑制作用,这和使用企业受到的反倾销调查持续时间作为核心解释变量的结果一致,进一步验证了结果的稳健性。

表 5 - 3　稳健性检验:替换核心解释变量为反倾销初步判定损害持续时间

变量	(1)	(2)	(3)	(4)	(5)
CXSJ_PI	- 1.621 5***	- 1.613 8***	- 2.411 5***	- 2.327 5***	- 2.403 4***
	(0.275 7)	(0.275 7)	(0.272 8)	(0.272 9)	(0.272 4)
Owp	5.279 4***	5.212 6***	3.157 8***	3.199 7***	2.553 4***
	(0.126 6)	(0.126 7)	(0.129 3)	(0.129 4)	(0.130 4)
Cap	- 0.664 6***	- 0.666 2***	- 0.835 7***	- 0.760 4***	- 0.802 1***
	(0.045 8)	(0.045 8)	(0.045 4)	(0.045 9)	(0.045 9)
Size	- 0.716 5***	- 0.707 5***	- 0.878 0***	- 0.848 0***	- 0.630 7***
	(0.057 2)	(0.057 2)	(0.058 2)	(0.058 3)	(0.058 5)

表 5 – 3（续）

变量	（1）	（2）	（3）	（4）	（5）
Fc	0.491 3***	0.481 5***	0.080 0	0.117 5	– 0.039 3
	(0.080 5)	(0.080 5)	(0.083 3)	(0.083 3)	(0.083 3)
HHI	– 2.146 7*	– 2.157 6*	– 2.531 3**	– 1.568 9	– 1.703 5
	(1.191 8)	(1.191 7)	(1.206 7)	(1.210 0)	(1.208 1)
常数项	68.926 2***	67.740 2***	49.321 3***	49.959 1***	46.456 2***
	(0.398 6)	(0.413 8)	(0.560 3)	(0.563 5)	(0.571 2)
企业固定效应	不控制	控制	控制	控制	控制
时间固定效应	不控制	不控制	控制	控制	控制
行业固定效应	不控制	不控制	不控制	控制	控制
省份固定效应	不控制	不控制	不控制	不控制	控制
Observations	406 418	406 418	406 418	406 418	406 418
R – squared	0.006 0	0.006 3	0.028 7	0.029 0	0.032 0

贸易伙伴国对某中国企业发起反倾销调查后,初步判定该中国企业存在倾销行为会对企业的出口国内增加值率带来一定影响。表 5 – 4 所示为以反倾销初步判定倾销持续时间为代理变量的贸易摩擦持续时间对企业出口国内增加值率影响的回归结果。第(1)列为没有控制任何固定效应的回归结果;第(2)~(5)列分别为逐次控制了企业固定效应、时间固定效应、行业固定效应和省份固定效应的回归结果。贸易摩擦持续时间的系数值稳定在 – 2.2 ~ – 1.4,系数符号和显著性水平未发生较大变化,说明贸易摩擦持续时间对企业出口国内增加值率的影响方向较为稳健,均通过 1% 水平的显著性检验,说明当企业受到贸易摩擦持续时间增加时,企业的出口国内增加值率将会显著降低,即贸易摩擦持续时间对企业出口国内增加值率具有显著抑制作用,这和使用企业受到的反倾销调查持续时间作为核心解释变量的结果一致,进一步验证了结果的稳健性。

表 5 – 4　稳健性检验:替换核心解释变量为初步判定倾销持续时间

变量	（1）	（2）	（3）	（4）	（5）
CXSJ_PD	– 1.452 4***	– 1.442 6***	– 2.087 5***	– 1.997 5***	– 2.118 7***
	(0.271 3)	(0.271 3)	(0.268 4)	(0.268 5)	(0.268 1)

表5-4(续)

变量	(1)	(2)	(3)	(4)	(5)
Owp	5.2767***	5.2100***	3.1573***	3.1994***	2.5521***
	(0.1266)	(0.1267)	(0.1293)	(0.1294)	(0.1304)
Cap	-0.6646***	-0.6662***	-0.8360***	-0.7608***	-0.8021***
	(0.0458)	(0.0458)	(0.0454)	(0.0459)	(0.0459)
Size	-0.7176***	-0.7086***	-0.8797***	-0.8498***	-0.6317***
	(0.0572)	(0.0572)	(0.0583)	(0.0583)	(0.0585)
Fc	0.4927***	0.4829***	0.0800	0.1174	-0.0393
	(0.0805)	(0.0805)	(0.0833)	(0.0833)	(0.0833)
HHI	-2.1330*	-2.1441*	-2.5127**	-1.5504	-1.6832
	(1.1919)	(1.1917)	(1.2068)	(1.2100)	(1.2082)
常数项	68.9317***	67.7462***	49.3378***	49.9773***	46.4667***
	(0.3987)	(0.4139)	(0.5604)	(0.5636)	(0.5712)
企业固定效应	不控制	控制	控制	控制	控制
时间固定效应	不控制	不控制	控制	控制	控制
行业固定效应	不控制	不控制	不控制	控制	控制
省份固定效应	不控制	不控制	不控制	不控制	控制
Observations	406418	406418	406418	406418	406418
R-squared	0.0060	0.0063	0.0287	0.0289	0.0320

贸易伙伴国对某中国企业发起反倾销调查后,最终确定该中国企业存在倾销行为会对企业的出口国内增加值率带来一定影响。表5-5所示为以反倾销最终判定倾销持续时间为代理变量的贸易摩擦持续时间对企业出口国内增加值率影响的回归结果。第(1)列为没有控制任何固定效应的回归结果;第(2)~(5)列分别为逐次控制了企业固定效应、时间固定效应、行业固定效应和省份固定效应的回归结果。贸易摩擦持续时间的系数值稳定在-0.9~-0.5,系数符号和显著性水平未发生较大变化,说明贸易摩擦持续时间对企业出口国内增加值率的影响方向较为稳健,均通过1%水平的显著性检验,说明当企业受到贸易摩擦持续时间增加时,企业的出口国内增加值率将会显著降低,即贸易摩擦持续时间对企业出口国内增加值率具有显著抑制作用,这和使用企业受到的反倾销调查持续时间作为核心解释变量的结果一致,进一步验证了结果的稳健性。

表5-5 稳健性检验:替换核心解释变量为最终判定倾销持续时间

变量	（1）	（2）	（3）	（4）	（5）
CXSJ_FD	-0.562 8***	-0.536 0***	-0.854 4***	-0.801 5***	-0.839 0***
	(0.204 4)	(0.204 4)	(0.202 1)	(0.202 2)	(0.201 9)
Owp	5.276 6***	5.210 2***	3.161 5***	3.204 1***	2.558 7***
	(0.126 6)	(0.126 8)	(0.129 4)	(0.129 4)	(0.130 5)
Cap	-0.671 4***	-0.673 3***	-0.844 9***	-0.768 5***	-0.810 3***
	(0.045 8)	(0.045 8)	(0.045 4)	(0.045 9)	(0.045 9)
Size	-0.720 7***	-0.712 3***	-0.882 1***	-0.852 0***	-0.634 9***
	(0.057 3)	(0.057 3)	(0.058 4)	(0.058 4)	(0.058 7)
Fc	0.488 0***	0.478 1***	0.074 4	0.112 5	-0.044 2
	(0.080 5)	(0.080 5)	(0.083 3)	(0.083 3)	(0.083 3)
HHI	-2.178 1*	-2.189 0*	-2.580 3**	-1.602 5	-1.738 1
	(1.191 9)	(1.191 7)	(1.206 8)	(1.210 1)	(1.208 2)
常数项	68.964 1***	67.783 6***	49.383 9***	50.032 3***	46.534 6***
	(0.399 3)	(0.414 4)	(0.560 8)	(0.564 0)	(0.571 7)
企业固定效应	不控制	控制	控制	控制	控制
时间固定效应	不控制	不控制	控制	控制	控制
行业固定效应	不控制	不控制	不控制	控制	控制
省份固定效应	不控制	不控制	不控制	不控制	控制
Observations	406 418	406 418	406 418	406 418	406 418
R - squared	0.005 9	0.006 2	0.028 6	0.028 9	0.031 9

在整理数据实证分析过程中,个别变量的方差较大,存在极大值和极小值。例如企业的规模,大企业的规模是小企业规模的几十倍甚至几百倍,为消除这种极端值对估计的影响,采用缩尾处理方法处理变量后重新做回归分析。缩尾处理是数据分析中经常会用到的一种处理方式,指将一组数据中超出指定百分位数值的数据使用该指定百分位数保留的临近数值替换。表5-6所示为缩尾处理后的贸易摩擦持续时间对企业出口国内增加值率影响的回归结果。第（1）列为没有控制任何固定效应的回归结果,第（2）~（5）列分别为逐次控制了企业固定效应、时间固定效应、行业固定效应和省份固定效应的回归结果。贸易摩擦持续时间的系数值

稳定在 −1.2 ~ −0.8,系数符号和显著性水平未发生较大变化,说明企业受到贸易摩擦持续时间对出口增加值率的影响方向较为稳健,均通过 1% 水平的显著性检验,说明当企业受到贸易摩擦持续时间增加时,企业的出口国内增加值率将会显著降低。这和对变量进行缩尾处理之前的结果一致,进一步验证了结果的稳健性。

表 5 − 6　稳健性检验:缩尾处理

变量	(1)	(2)	(3)	(4)	(5)
CXSJ	− 0.837 4***	− 0.813 7***	− 1.124 2***	− 1.082 8***	− 1.152 9***
	(0.198 7)	(0.198 7)	(0.196 4)	(0.196 5)	(0.196 2)
Owp	5.478 2***	5.408 4***	3.179 2***	3.221 9***	2.610 0***
	(0.131 8)	(0.131 9)	(0.134 8)	(0.134 8)	(0.135 8)
Cap	− 0.634 9***	− 0.637 2***	− 1.007 5***	− 0.934 4***	− 0.951 5***
	(0.052 0)	(0.052 0)	(0.051 7)	(0.052 2)	(0.052 2)
Size	− 0.661 8***	− 0.650 9***	− 0.951 7***	− 0.928 6***	− 0.693 7***
	(0.064 4)	(0.064 3)	(0.065 9)	(0.065 9)	(0.066 2)
Fc	0.623 3***	0.607 1***	0.210 5**	0.233 7**	− 0.026 9
	(0.102 8)	(0.102 8)	(0.104 6)	(0.104 6)	(0.104 7)
HHI	− 70.491 5***	− 69.976 0***	9.362 9	15.912 3**	18.090 9**
	(7.938 8)	(7.937 7)	(7.972 5)	(8.000 6)	(7.988 4)
常数项	69.097 9***	67.831 1***	49.984 3***	50.521 3***	46.745 0***
	(0.445 9)	(0.461 1)	(0.604 9)	(0.607 4)	(0.616 5)
企业固定效应	不控制	控制	控制	控制	控制
时间固定效应	不控制	不控制	控制	控制	控制
行业固定效应	不控制	不控制	不控制	控制	控制
省份固定效应	不控制	不控制	不控制	不控制	控制
Observations	377 623	377 623	377 623	377 623	377 623
R − squared	0.006 5	0.006 8	0.029 8	0.030 0	0.033 0

汇率是国际贸易中最重要的调节杠杆,中国的汇率制度经过多轮改革[①],已得

[①]　可分为 1994 年以前的人民币汇率形成机制、1994—2005 年的人民币汇率形成机制和 2005 年以来的人民币汇率形成机制三个阶段。

到不断完善。1994 年前人民币汇率由国家实行严格的管理和控制,主要有单一浮动汇率制、单一固定汇率制和双重汇率制;1994 年人民币官方汇率与外汇调剂价格正式并轨;2005 年中国对完善人民币汇率形成机制进行改革,人民币汇率不再盯住单一美元,而是选择若干种主要货币组成一个货币篮子,同时参考一篮子货币计算人民币多边汇率指数的变化。为避免汇率在 2005 年改革前后可能对本书研究带来的冲击作用,使用删除 2005 年前的样本,重新估计检验本书研究的稳健性。表 5 - 7 所示为贸易摩擦持续时间与出口国内增加值率的基准回归结果。第(1)列为没有控制任何固定效应的回归结果;第(2)~(5)列分别为逐次控制了企业固定效应、时间固定效应、行业固定效应和省份固定效应的回归结果。贸易摩擦持续时间的系数值稳定在 -1.2 ~ -0.7,系数符号和显著性水平未发生较大变化,说明企业受到贸易摩擦持续时间对出口国内增加值率的影响方向较为稳健,均通过 1% 水平的显著性检验,说明当企业受到的贸易摩擦持续时间增加时,企业的出口国内增加值率将会显著降低。

表 5 - 7　稳健性检验:汇率改革的冲击

变量	(1)	(2)	(3)	(4)	(5)
CXSJ	- 0.767 9***	- 0.755 1***	- 1.136 2***	- 1.094 1***	- 1.154 3***
	(0.170 7)	(0.170 7)	(0.168 5)	(0.168 5)	(0.168 3)
Owp	4.724 0***	4.659 1***	2.188 6***	2.237 2***	1.614 0***
	(0.138 1)	(0.138 2)	(0.140 8)	(0.140 8)	(0.141 9)
Cap	- 0.752 6***	- 0.755 4***	- 0.958 4***	- 0.870 8***	- 0.917 9***
	(0.049 7)	(0.049 7)	(0.049 1)	(0.049 7)	(0.049 6)
Size	- 0.630 3***	- 0.621 4***	- 0.844 6***	- 0.808 7***	- 0.592 2***
	(0.062 8)	(0.062 8)	(0.064 1)	(0.064 2)	(0.064 4)
Fc	0.456 9***	0.446 1***	- 0.039 8	0.006 4	- 0.145 2
	(0.087 0)	(0.087 0)	(0.090 4)	(0.090 5)	(0.090 4)
HHI	- 1.824 0	- 1.841 0	- 2.284 4*	- 1.243 8	- 1.413 0
	(1.200 4)	(1.200 2)	(1.212 2)	(1.215 4)	(1.213 6)
常数项	68.982 7***	67.816 4***	49.849 8***	50.611 1***	47.163 9***
	(0.437 1)	(0.453 5)	(0.590 1)	(0.593 8)	(0.602 4)
企业固定效应	不控制	控制	控制	控制	控制
时间固定效应	不控制	不控制	控制	控制	控制

表 5 - 7(续)

变量	(1)	(2)	(3)	(4)	(5)
行业固定效应	不控制	不控制	不控制	控制	控制
省份固定效应	不控制	不控制	不控制	不控制	控制
Observations	343 329	343 329	343 329	343 329	343 329
R - squared	0.005 2	0.005 5	0.031 9	0.032 3	0.035 2

考虑中国加入世界贸易组织后对贸易摩擦持续时间与出口国内增加值关系的冲击作用,构建模型如下

$$DVAR_{it} = \beta_0 + \beta_1 CXSJ_{it} + \beta_2 WTO + \beta_3 WTO\_CXSJ_{it} + \beta_4 Controls_{it}$$
$$+ v_i + v_t + v_j + v_k + \varepsilon_{it} \tag{5-4}$$

WTO 表示中国是否加入世界贸易组织,在样本期内的 2002 年后取值为 1,在 2002 年之前取值为 0;WTO_CXSJ_{it} 表示 WTO 和 $CXSJ_{it}$ 的交乘项。表 5 - 8 所示为构建模型后贸易摩擦持续时间对企业出口国内增加值率影响的回归结果。第(1)列为没有控制任何固定效应的回归结果;第(2)~(5)列分别为逐次控制了企业固定效应、时间固定效应、行业固定效应和省份固定效应的回归结果。贸易摩擦持续时间的系数值稳定在 -7.4 ~ -7.1,系数符号和显著性水平未发生较大变化,说明贸易摩擦持续时间对企业出口增加值率的影响方向较为稳健,均通过 1% 水平的显著性检验,说明贸易摩擦持续时间对企业出口国内增加值率具有显著抑制作用。WTO_CXSJ 的系数值为正值,系数符号和显著性水平未发生较大变化,说明中国加入世界贸易组织对出口国内增加值率的影响方向较为稳健,均通过 1% 水平的显著性检验,说明中国加入世界贸易组织后会降低反倾销调查持续时间对出口国内增加值率的抑制作用。

表 5 - 8　稳健性检验:加入世界贸易组织的冲击

变量	(1)	(2)	(3)	(4)	(5)
CXSJ	-7.347 6***	-7.351 4***	7.145 0***	7.107 7***	7.297 8***
	(1.359 9)	(1.359 7)	(1.353 4)	(1.353 2)	(1.351 1)
WTO_CXSJ	6.806 8***	6.823 4***	6.156 2**	6.084 4**	6.333 8**
	(1.369 1)	(1.368 9)	(1.362 8)	(1.362 7)	(1.360 6)
Owp	5.262 9***	5.196 5***	3.146 7***	3.189 4***	2.542 1***
	(0.126 7)	(0.126 8)	(0.129 4)	(0.129 4)	(0.130 5)

表 5 - 8(续)

变量	(1)	(2)	(3)	(4)	(5)
Cap	- 0.669 4***	- 0.671 1***	- 0.840 3***	- 0.764 0***	- 0.805 4***
	(0.045 8)	(0.045 8)	(0.045 4)	(0.045 9)	(0.045 9)
Size	- 0.713 9***	- 0.705 2***	- 0.876 2***	- 0.845 9***	- 0.627 9***
	(0.057 3)	(0.057 3)	(0.058 4)	(0.058 4)	(0.058 7)
Fc	0.489 5***	0.479 6***	0.078 2	0.116 2	- 0.040 4
	(0.080 5)	(0.080 5)	(0.083 3)	(0.083 3)	(0.083 3)
HHI	- 2.167 9*	- 2.179 0*	- 2.546 3**	- 1.571 9	- 1.705 9
	(1.191 8)	(1.191 7)	(1.206 8)	(1.210 1)	(1.208 2)
常数项	68.940 8***	67.757 1***	49.298 0***	49.943 6***	46.432 9***
	(0.399 0)	(0.414 2)	(0.561 0)	(0.564 2)	(0.571 9)
企业固定效应	不控制	控制	控制	控制	控制
时间固定效应	不控制	不控制	控制	控制	控制
行业固定效应	不控制	不控制	不控制	控制	控制
省份固定效应	不控制	不控制	不控制	不控制	控制
Observations	406 418	406 418	406 418	406 418	406 418
R - squared	0.006 0	0.006 3	0.028 6	0.028 9	0.031 9

发生金融危机后会对实体经济带来无法估量甚至毁灭性的影响,将总样本分为金融危机发生前和金融危机发生后两部分进行考察。表 5 - 9 所示为把总样本分为 2008 年金融危机之前和之后的贸易摩擦持续时间对企业出口国内增加值率影响的回归结果。第(1)列和第(3)列为没有控制任何固定效应的回归结果;第(2)和第(4)列为控制了企业固定效应、时间固定效应、行业固定效应和省份固定效应的回归结果。在 2008 年金融危机发生前,贸易摩擦持续时间的系数值为 - 0.658 3,系数符号和显著性水平未发生较大变化,说明贸易摩擦持续时间对出口国内增加值率的影响方向较为稳健,均通过 5% 水平的显著性检验,说明在 2008 年金融危机发生前贸易摩擦持续时间对出口国内增加值率具有显著抑制作用。在 2008年金融危机发生后,贸易摩擦持续时间的系数值为 - 1.434 9,系数符号和显著性水平未发生较大变化,说明贸易摩擦持续时间对出口国内增加值率的影响方向较为稳健,均通过 1% 水平的显著性检验,说明在 2008 年金融危机发生后贸易摩擦持续时间对出口国内增加值率具有显著抑制作用。由于在金融危机发生后的贸易摩

擦持续时间系数绝对值大于金融危机发生前,说明相对发生金融危机之前,金融危机之后贸易摩擦持续时间对企业出口国内增加值率的影响作用更大一些。

表 5-9　稳健性检验:金融危机的冲击

变量	2000—2007		2008—2013	
	(1)	(2)	(3)	(4)
CXSJ	-0.691 1*	-0.658 3*	-1.426 3***	-1.434 9***
	(0.370 6)	(0.365 7)	(0.177 8)	(0.177 5)
Owp	9.826 8***	8.147 2***	-1.316 0***	-1.758 4***
	(0.197 4)	(0.198 0)	(0.169 0)	(0.173 4)
Cap	-0.435 5***	-0.506 9***	-1.082 8***	-1.044 5***
	(0.073 5)	(0.073 2)	(0.058 5)	(0.059 0)
Size	-1.905 3***	-1.460 7***	-0.415 2***	-0.128 7
	(0.084 5)	(0.084 0)	(0.078 1)	(0.082 8)
Fc	0.909 6***	0.606 3***	-0.205 1**	-0.545 6***
	(0.129 5)	(0.128 2)	(0.101 5)	(0.109 2)
HHI	-82.938 1***	17.445 4*	-3.351 4***	-1.129 1
	(8.914 2)	(9.303 2)	(1.178 9)	(1.206 8)
常数项	69.556 6***	47.366 4***	75.856 0***	70.281 9***
	(0.601 0)	(0.745 6)	(0.541 1)	(0.613 9)
企业固定效应	不控制	控制	不控制	控制
时间固定效应	不控制	控制	不控制	控制
行业固定效应	不控制	控制	不控制	控制
省份固定效应	不控制	控制	不控制	控制
Observations	186 848	186 848	219 570	219 570
R-squared	0.017 3	0.043 5	0.002 2	0.006 6

考虑当企业 i 在 t 年受到反倾销调查时,企业 i 在 t 年出口国内增加值率的变化未必能够得到明显的体现,可能在 $t+1$ 年才会反映出来,或者企业 i 在 t 年出口国内增加值率的变化会受到 $t-1$ 年的反倾销调查持续时间的影响,基于这两种情况构建回归方程

$$DVAR_{it} = \beta_0 + \beta_1 CXSJ_{i,t-1} + \beta_2 Controls_{it} + v_i + v_t + v_j + v_k + \varepsilon_{it} \quad (5-5)$$

$$\text{DVAR}_{i,t+1} = \beta_0 + \beta_1 \text{CXSJ}_{it} + \beta_2 \text{Controls}_{it} + v_i + v_t + v_j + v_k + \varepsilon_{it} \quad (5-6)$$

$\text{CXSJ}_{i,t-1}$ 表示企业 i 在 $t-1$ 年受到的反倾销调查持续时间, $\text{DVAR}_{i,t+1}$ 表示企业 i 在 $t+1$ 年的出口国内增加值率。表 5 - 10 所示为上述分析的贸易摩擦持续时间对企业出口国内增加值率影响的回归结果。L. CXSJ 表示企业受到滞后一期的反倾销调查持续时间; F. DVAR 表示企业延后一期的出口国内增加值率。第(1)和(3)列为没有控制任何固定效应的回归结果;第(2)和(4)列分别为控制了企业固定效应、时间固定效应、行业固定效应和省份固定效应的回归结果。滞后一期反倾销调查持续时间 L. CXSJ 的系数值稳定在 $-0.8 \sim -0.5$,系数符号和显著性水平未发生较大变化,说明贸易摩擦持续时间对出口国内增加值率的影响方向较为稳健,均通过 1% 水平的显著性检验,说明贸易摩擦持续时间对出口国内增加值率具有显著抑制作用。当被解释变量企业延后一期反倾销调查持续时间 F. DVAR 时,反倾销调查持续时间系数值稳定在 $-0.9 \sim -0.5$,系数符号和显著性水平未发生较大变化,说明贸易摩擦持续时间对出口国内增加值率的影响方向较为稳健,均通过 1% 水平的显著性检验,说明贸易摩擦持续时间对出口国内增加值率具有显著抑制作用。这两种情况下的估计结果和前文基准回归结果一致,进一步验证了结果的稳健性。

表 5 - 10　稳健性检验:滞后分析

变量	DVAR	DVAR	F. DVAR	F. DVAR
L. CXSJ	-0.505 3**	-0.752 5***		
	(0.205 7)	(0.203 9)		
CXSJ			-0.586 0***	-0.833 5***
			(0.205 7)	(0.203 9)
Owp	4.043 2***	1.949 7***	3.702 5***	1.767 5***
	(0.139 0)	(0.144 0)	(0.139 3)	(0.143 7)
Cap	-0.434 1***	-0.505 1***	-0.312 6***	-0.404 3***
	(0.050 5)	(0.050 7)	(0.050 9)	(0.051 3)
Size	-0.995 8***	-0.837 0***	-0.786 0 * * *	-0.558 7***
	(0.063 5)	(0.065 4)	(0.063 5)	(0.064 5)
Fc	0.445 2***	0.151 2	1.301 1***	0.807 0***
	(0.088 8)	(0.092 2)	(0.090 9)	(0.094 3)

表 5 - 10（续）

变量	DVAR	DVAR	F. DVAR	F. DVAR
HHI	1.309 3	-2.327 2	-3.150 1***	-3.925 2***
	(1.600 7)	(1.627 3)	(1.149 5)	(1.170 5)
常数项	73.386 4***	56.781 6***	72.534 4***	55.378 7***
	(0.442 6)	(0.610 5)	(0.442 8)	(0.607 3)
企业固定效应	不控制	控制	不控制	控制
时间固定效应	不控制	控制	不控制	控制
行业固定效应	不控制	控制	不控制	控制
省份固定效应	不控制	控制	不控制	控制
Observations	302 041	302 041	302 041	302 041
R - squared	0.004 2	0.022 9	0.004 4	0.022 9

考虑国内投入中含有国外成分的处理,除进口外企业还将通过国内购买来获取中间投入,而国内中间投入中可能包含来自国外的产品,Koopman 等(2012)认为这一份额在 5% ~ 10%,借鉴吕越等(2015)、吕越和邓利静(2020)的研究使用 5% 这一数值重新估算企业出口国内增加值率为

$$DVAR = 1 - \frac{V_{AF}}{X}$$

$$= 1 - \frac{\{M_A^P + X^O[M_{Am}^O/(D + X^O)]\} + 0.05\{M^T - M_A^P - [M_{Am}^O/(D + X^O)]\}}{X}$$

$$(5 - 7)$$

式中　DVAR 和 V_{AF} ——改进之后的出口国外附加值率和企业出口的国外附加值;

M^T ——企业中间投入额,分子第二项即表示企业国内中间投入中有 5% 为海外附加值;

M_{Am}^O、M_A^P ——加工贸易实际进口中间投入。

表 5 - 11 所示为贸易摩擦持续时间与出口国内增加值率的基准回归结果。第(1)列为没有控制任何固定效应的回归结果;第(2)~(5)列分别为逐次控制了企业固定效应、时间固定效应、行业固定效应和省份固定效应的回归结果。贸易摩擦持续时间的系数值为负,在没有控制企业固定效应、时间固定效应、行业固定效应和省份固定效应及仅控制企业固定效应时,贸易摩擦持续时间没有通过 10% 水平的显著性检验,在逐渐控制了时间固定效应、行业固定效应和省份固定效应后,贸

易摩擦持续时间通过10%水平的显著性检验,总体上可以说明当企业受到贸易摩擦持续时间增加时,企业的出口国内增加值率将会显著降低。

表5-11 稳健性检验:更换企业出口国内增加值率测算方法

变量	(1)	(2)	(3)	(4)	(5)
CXSJ	-0.682 4	-0.679 2	-1.184 9*	-1.126 2*	-1.127 4*
	(0.680 5)	(0.680 5)	(0.655 2)	(0.655 0)	(0.654 7)
Owp	3.570 1***	3.546 7***	-1.434 3***	-1.257 3***	-1.585 0***
	(0.267 5)	(0.267 7)	(0.263 5)	(0.263 9)	(0.265 9)
Cap	-0.487 5***	-0.490 0***	-1.113 1***	-1.019 0***	-0.997 2***
	(0.101 3)	(0.101 3)	(0.097 9)	(0.098 3)	(0.098 3)
Size	1.316 0***	1.320 9***	-1.689 6***	-1.638 6***	-1.520 0***
	(0.126 4)	(0.126 4)	(0.126 5)	(0.126 6)	(0.127 1)
Fc	-1.478 6***	-1.490 7***	-0.228 1	-0.199 4	-0.357 4*
	(0.192 5)	(0.192 6)	(0.185 9)	(0.185 9)	(0.186 5)
HHI	-47.213 2***	-46.963 6***	23.251 2**	31.753 4***	30.910 5***
	(11.628 8)	(11.628 8)	(11.373 6)	(11.399 9)	(11.395 4)
常数项	52.033 3***	51.389 3***	60.829 6***	61.983 9***	59.817 8***
	(0.861 9)	(0.894 3)	(1.021 5)	(1.027 4)	(1.050 4)
企业固定效应	不控制	控制	控制	控制	控制
时间固定效应	不控制	不控制	控制	控制	控制
行业固定效应	不控制	不控制	不控制	控制	控制
省份固定效应	不控制	不控制	不控制	不控制	控制
Observations	112 839	112 839	112 839	112 839	112 839
R-squared	0.003 9	0.004 0	0.076 8	0.077 7	0.078 4

工具变量模型是解决内生性问题最为常见的方法(王宇和李海洋,2017),越来越多学者也倡导使用该方法解决内生性问题(Shaver,2020)。本书实证结果的内生性可能来源于企业出口国内增加值率或者能够反过来影响所遭遇到的贸易摩擦持续时间,及主要的解释和控制变量之间可能存在着相关关系等问题。借鉴耿伟和杨晓亮(2020)的思路,使用企业遭遇的贸易摩擦持续时间滞后一期作为工具变量,表5-12所示为以贸易摩擦持续时间作为工具变量的贸易摩擦持续时间对

企业出口国内增加值率影响的回归结果。第(1)列为没有控制任何固定效应的回归结果;第(2)~(5)列分别为逐次控制了企业固定效应、时间固定效应、行业固定效应和省份固定效应的回归结果。贸易摩擦持续时间的系数值稳定在 -0.7 ~ -0.4,系数符号和显著性水平未发生较大变化,说明贸易摩擦持续时间对企业出口国内增加值率的影响方向较为稳健,均通过 1% 水平的显著性检验,说明当企业受到贸易摩擦持续时间增加时,企业的出口国内增加值率将会显著降低,即贸易摩擦持续时间对企业出口国内增加值率具有显著抑制作用,进一步验证了结果的稳健性。

表 5 - 12 稳健性检验:工具变量法

变量	(1)	(2)	(3)	(4)	(5)
CXSJ	$-0.422\ 2^{**}$	$-0.406\ 6^{**}$	$-0.580\ 8^{***}$	$-0.572\ 2^{***}$	$-0.628\ 9^{***}$
	(0.171 9)	(0.171 9)	(0.170 6)	(0.170 6)	(0.170 4)
Owp	$4.043\ 0^{***}$	$4.074\ 4^{***}$	$2.567\ 4^{***}$	$2.498\ 4^{***}$	$1.949\ 7^{***}$
	(0.139 0)	(0.139 2)	(0.142 5)	(0.142 7)	(0.144 0)
Cap	$-0.433\ 6^{***}$	$-0.400\ 5^{***}$	$-0.475\ 2^{***}$	$-0.477\ 9^{***}$	$-0.504\ 4^{***}$
	(0.050 5)	(0.051 1)	(0.050 8)	(0.050 8)	(0.050 7)
Size	$-0.995\ 7^{***}$	$-0.978\ 2^{***}$	$-1.032\ 7^{***}$	$-1.023\ 7^{***}$	$-0.836\ 6^{***}$
	(0.063 5)	(0.063 6)	(0.065 1)	(0.065 1)	(0.065 4)
Fc	$0.445\ 5^{***}$	$0.460\ 3^{***}$	$0.292\ 5^{***}$	$0.281\ 8^{***}$	$0.151\ 8^{*}$
	(0.088 8)	(0.088 8)	(0.092 2)	(0.092 2)	(0.092 2)
HHI	1.307 5	1.744 5	$-2.374\ 0$	$-2.313\ 7$	$-2.327\ 0$
	(1.600 6)	(1.604 1)	(1.629 4)	(1.629 2)	(1.627 3)
常数项	$73.385\ 8^{***}$	$73.663\ 6^{***}$	$60.896\ 0^{***}$	$59.767\ 7^{***}$	$56.785\ 4^{***}$
	(0.442 6)	(0.447 7)	(0.588 8)	(0.600 8)	(0.610 4)
企业固定效应	不控制	控制	控制	控制	控制
时间固定效应	不控制	不控制	控制	控制	控制
行业固定效应	不控制	不控制	不控制	控制	控制
省份固定效应	不控制	不控制	不控制	不控制	控制
Observations	302 041	302 041	302 041	302 041	302 041
R - squared	0.004 3	0.004 3	0.020 4	0.020 7	0.023 0

如果工具变量法对于能够识别的结构方程是有效的,但不能识别或者过度识别结构方程的估计,则失去效果,采用两阶段二乘法可以解决这种问题。在第一阶

段选取一个自变量作为工具变量,在判断为有效的工具变量后,第二阶段用第一阶段拟合的估计代入到原模型做回归。表 5 - 12 所示为使用两阶段最小二乘法回归方法下的贸易摩擦持续时间对企业出口国内增加值率影响的回归结果。第(1)列为没有控制任何固定效应的回归结果;第(2)~(5)列分别为逐次控制了企业固定效应、时间固定效应、行业固定效应和省份固定效应的回归结果。贸易摩擦持续时间的系数值稳定在 -9.7~-7.9,系数符号和显著性水平未发生较大变化,说明贸易摩擦持续时间对企业出口国内增加值率的影响方向较为稳健,均通过 1% 水平的显著性检验,说明当企业受到贸易摩擦持续时间增加时,企业的出口国内增加值率将会显著降低,即贸易摩擦持续时间对企业出口国内增加值率具有显著抑制作用,进一步验证了结果的稳健性。

表 5 - 13　稳健性检验:两阶段最小二乘法

变量	(1)	(2)	(3)	(4)	(5)
CXSJ	-9.658 1***	-9.600 4***	-8.106 3***	-8.028 8***	-7.956 4***
	(1.242 6)	(1.243 2)	(1.253 8)	(1.254 2)	(1.255 9)
Owp	4.040 6***	3.977 6***	2.460 4***	2.498 0***	1.949 7***
	(0.140 1)	(0.140 3)	(0.142 6)	(0.142 6)	(0.144 0)
Cap	-0.423 0***	-0.425 9***	-0.532 4***	-0.470 0***	-0.496 6***
	(0.051 0)	(0.051 0)	(0.050 8)	(0.051 5)	(0.051 4)
Size	-0.993 2***	-0.985 4***	-1.047 2***	-1.019 5***	-0.832 6***
	(0.063 4)	(0.063 4)	(0.064 8)	(0.064 9)	(0.065 3)
Fc	0.452 3***	0.443 8***	0.259 5***	0.288 9***	0.158 8*
	(0.088 8)	(0.088 8)	(0.092 2)	(0.092 2)	(0.092 4)
HHI	1.268 0	1.289 5	-3.171 3**	-2.311 4	-2.324 8
	(1.513 3)	(1.514 0)	(1.542 9)	(1.546 0)	(1.546 1)
常数项	73.373 6***	72.296 2***	59.303 6***	59.810 6***	56.829 5***
	(0.447 0)	(0.463 3)	(0.613 3)	(0.616 1)	(0.626 2)
企业固定效应	不控制	控制	控制	控制	控制
时间固定效应	不控制	不控制	控制	控制	控制
行业固定效应	不控制	不控制	不控制	控制	控制
省份固定效应	不控制	不控制	不控制	不控制	控制
Observations	302 041	302 041	302 041	302 041	302 041
R - squared	0.004 5	0.004 8	0.020 6	0.020 8	0.023 1

三、机制分析

在基准回归模型的基础之上构建企业出口质量的调节效应模型：

$$DVAR_{it} = \beta_0 + \beta_1 Qulity\_CXSJ_{it} + \beta_2 CXSJ_{it} + + \beta_3 Controls_{it}$$
$$+ v_i + v_t + v_j + v_k + \varepsilon_{it} \qquad (5-8)$$

式中 Qulity_CXSJ——企业出口质量和贸易摩擦持续时间的交乘项。

表 5-14 所示为企业出口质量传导机制下贸易摩擦持续时间与出口国内增加值率的基准回归结果。第（1）列为没有控制任何固定效应的回归结果；第（2）~（5）列分别为逐次控制了企业固定效应、时间固定效应、行业固定效应和省份固定效应的回归结果。贸易摩擦持续时间的系数值稳定在 -1.5 ~ -1.0，系数符号和显著性水平未发生较大变化，说明企业所受到的贸易摩擦持续时间对出口国内增加值率的影响方向较为稳健，均通过 1% 水平的显著性检验，说明当企业受到的贸易摩擦持续时间增加时，企业的出口国内增加值率将会显著降低；贸易摩擦持续时间和出口质量交乘项的系数值稳定在 1.1 ~ 1.4，系数符号和显著性水平未发生较大变化，说明贸易摩擦持续时间对出口国内增加值率的影响方向较为稳健，均通过 1% 水平的显著性检验，这表明了出口质量的提高将会弱化企业受到的贸易摩擦持续时间对出口增加值率的抑制作用。

表 5-14 机制分析:出口质量

变量	（1）	（2）	（3）	（4）	（5）
CXSJ	-1.051 9***	-1.040 5***	-1.457 4***	-1.432 7***	-1.474 8***
	(0.221 6)	(0.221 6)	(0.219 2)	(0.219 1)	(0.218 8)
Qulity_CXSJ	1.131 2***	1.134 6***	1.336 7***	1.359 9***	1.323 4***
	(0.412 1)	(0.412 0)	(0.407 5)	(0.407 4)	(0.406 8)
Owp	5.274 8***	5.207 5***	3.163 6***	3.205 5***	2.558 2***
	(0.126 9)	(0.127 0)	(0.129 6)	(0.129 6)	(0.130 7)
Cap	-0.655 2***	-0.657 0***	-0.830 8***	-0.755 2***	-0.795 8***
	(0.045 9)	(0.045 9)	(0.045 5)	(0.046 1)	(0.046 0)
Size	-0.717 6***	-0.708 9***	-0.877 8***	-0.847 7***	-0.628 7***
	(0.057 4)	(0.057 4)	(0.058 4)	(0.058 5)	(0.058 7)
Fc	0.501 1***	0.491 1***	0.084 8	0.122 6	-0.034 4
	(0.080 7)	(0.080 7)	(0.083 5)	(0.083 6)	(0.083 5)

表 5 - 14(续)

变量	(1)	(2)	(3)	(4)	(5)
HHI	-2.213 3*	-2.225 1*	-2.588 1**	-1.622 8	-1.749 7
	(1.193 7)	(1.193 6)	(1.208 7)	(1.211 9)	(1.210 1)
常数项	68.937 6***	67.749 2***	49.286 7***	49.922 9***	46.411 6***
	(0.399 7)	(0.414 9)	(0.561 4)	(0.564 5)	(0.572 3)
企业固定效应	不控制	控制	控制	控制	控制
时间固定效应	不控制	不控制	控制	控制	控制
行业固定效应	不控制	不控制	不控制	控制	控制
省份固定效应	不控制	不控制	不控制	不控制	控制
Observations	404 532	404 532	404 532	404 532	404 532
R - squared	0.006 0	0.006 3	0.028 7	0.028 9	0.031 9

在基准回归模型的基础之上,构建企业生产率的调节效应模型为

$$DVAR_{it} = \beta_0 + \beta_1 TFP\_CXSJ_{it} + \beta_2 CXSJ_{it} + + \beta_3 Controls_{it}$$
$$+ v_i + v_t + v_j + v_k + \varepsilon_{it} \tag{5-9}$$

式中   TFP_CXSJ ——企业生产率和贸易摩擦持续时间的交乘项。

表 5 - 15 所示为企业生产率传导机制下贸易摩擦持续时间与出口国内增加值率的基准回归结果。第(1)列为没有控制任何固定效应的回归结果;第(2)~(5)列分别为逐次控制了企业固定效应、时间固定效应、行业固定效应和省份固定效应的回归结果。贸易摩擦持续时间的系数值稳定在 -6.4 ~ -3.3,系数符号和显著性水平未发生较大变化,说明企业受到的贸易摩擦持续时间对出口国内增加值率的影响方向较为稳健,均通过 1% 水平的显著性检验,说明当企业受到的贸易摩擦持续时间增加时,企业的出口国内增加值率将会显著降低;贸易摩擦持续时间和企业生产率交乘项的系数值稳定在 0.5 ~ 1.0,系数符号和显著性水平未发生较大变化,说明贸易摩擦持续时间对出口国内增加值率的影响方向较为稳健,均通过 1% 水平的显著性检验,这表明了企业生产率的提高将会弱化企业受到的贸易摩擦持续时间对出口增加值率的抑制作用,较好地验证了本书的研究假说。

表 5 - 15   机制分析:企业生产率

变量	(1)	(2)	(3)	(4)	(5)
CXSJ	-6.335 4***	-6.366 9***	-4.141 3**	-4.191 1**	-3.338 6**
	(1.698 2)	(1.698 1)	(1.679 8)	(1.680 1)	(1.676 5)

表 5 - 15(续)

变量	(1)	(2)	(3)	(4)	(5)
TFP_CXSJ	0.920 8***	0.925 3***	0.630 6***	0.637 7***	0.528 8**
	(0.213 9)	(0.213 9)	(0.211 6)	(0.211 6)	(0.211 2)
Owp	9.754 1***	9.702 4***	8.962 7***	8.970 9***	8.075 6***
	(0.199 1)	(0.199 3)	(0.197 8)	(0.197 8)	(0.199 8)
Cap	-0.441 6***	-0.440 8***	-0.529 3***	-0.513 5***	-0.514 0***
	(0.074 6)	(0.074 6)	(0.073 8)	(0.074 5)	(0.074 3)
Size	-1.955 8***	-1.948 9***	-1.752 0***	-1.747 3***	-1.491 1***
	(0.085 4)	(0.085 4)	(0.084 6)	(0.084 7)	(0.084 9)
Fc	0.967 3***	0.959 6***	0.912 9***	0.917 1***	0.644 3***
	(0.131 3)	(0.131 3)	(0.129 9)	(0.129 9)	(0.129 9)
HHI	-81.604 6***	-81.077 4***	10.133 2	13.968 7	19.582 5**
	(9.018 3)	(9.018 2)	(9.115 9)	(9.430 4)	(9.410 7)
常数项	70.040 6***	69.138 8***	51.954 6***	52.066 7***	47.551 7***
	(0.608 4)	(0.632 3)	(0.737 3)	(0.740 7)	(0.755 1)
企业固定效应	不控制	控制	控制	控制	控制
时间固定效应	不控制	不控制	控制	控制	控制
行业固定效应	不控制	不控制	不控制	控制	控制
省份固定效应	不控制	不控制	不控制	不控制	控制
Observations	182 759	182 759	182 759	182 759	182 759
R - squared	0.017 4	0.017 5	0.039 2	0.039 2	0.043 6

在基准回归模型的基础之上,构建企业退出的调节效应模型为

$$DVAR_{it} = \beta_0 + \beta_1 Exit\_CXSJ_{it} + \beta_2 CXSJ_{it} + + \beta_3 Controls_{it}$$
$$+ v_i + v_t + v_j + v_k + \varepsilon_{it} \qquad (5 - 10)$$

式中 Exit_CXSJ——企业退出和中间品进口关税的交乘项。

表 5 - 16 所示为企业退出传导机制下贸易摩擦持续时间与出口国内增加值率的基准回归结果。第(1)列为没有控制任何固定效应的回归结果;第(2)~(5)列分别为逐次控制了企业固定效应、时间固定效应、行业固定效应和省份固定效应的回归结果。贸易摩擦持续时间的系数值稳定在 -1.2 ~ -0.9,系数符号和显著性

水平未发生较大变化,说明企业受到的贸易摩擦持续时间对出口国内增加值率的影响方向较为稳健,均通过1%水平的显著性检验,说明当企业受到的贸易摩擦持续时间增加时,企业的出口国内增加值率将会显著降低;贸易摩擦持续时间和企业退出交乘项的系数值稳定在0.3~0.8,系数符号和显著性水平未发生较大变化,说明交乘项对出口增加值率的影响方向较为稳健,均通过1%水平的显著性检验,这表明了企业退出的提高将会弱化企业受到的贸易摩擦持续时间对出口增加值率的抑制作用。

表5-16 机制分析:企业退出

变量	(1)	(2)	(3)	(4)	(5)
CXSJ	-0.935 6***	-0.924 8***	-1.132 2***	-1.091 2***	-1.176 0***
	(0.209 4)	(0.209 4)	(0.207 2)	(0.207 2)	(0.206 9)
Exit_CXSJ	0.752 1**	0.756 5**	0.413 5	0.394 6	0.467 6
	(0.330 0)	(0.330 0)	(0.326 9)	(0.326 8)	(0.326 3)
Owp	5.265 4***	5.198 9***	3.146 4***	3.189 1***	2.541 7***
	(0.126 7)	(0.126 8)	(0.129 4)	(0.129 4)	(0.130 5)
Cap	-0.667 5***	-0.669 2***	-0.840 1***	-0.763 8***	-0.805 1***
	(0.045 8)	(0.045 8)	(0.045 4)	(0.045 9)	(0.045 9)
Size	-0.713 3***	-0.704 6***	-0.872 7***	-0.842 5***	-0.624 0***
	(0.057 3)	(0.057 3)	(0.058 4)	(0.058 4)	(0.058 7)
Fc	0.490 8***	0.481 0***	0.078 0	0.116 0	-0.040 6
	(0.080 5)	(0.080 5)	(0.083 3)	(0.083 3)	(0.083 3)
HHI	-2.136 1*	-2.147 0*	-2.541 0**	-1.566 5	-1.699 1
	(1.191 9)	(1.191 8)	(1.206 8)	(1.210 1)	(1.208 2)
常数项	73.239 9***	72.009 3***	48.431 9***	50.315 6***	47.051 8***
	(0.392 5)	(0.407 3)	(0.548 2)	(0.550 8)	(0.558 7)
企业固定效应	不控制	控制	控制	控制	控制
时间固定效应	不控制	不控制	控制	控制	控制
行业固定效应	不控制	不控制	不控制	控制	控制
省份固定效应	不控制	不控制	不控制	不控制	控制
Observations	406 418	406 418	406 418	406 418	406 418
R-squared	0.048 8	0.049 1	0.070 6	0.072 9	0.075 4

第三节　企业异质性分析

一、要素密集度异质性

根据企业要素密集度的差异,可将企业分为资本密集型企业和劳动密集型企业。表5-17所示为区分企业要素密集度异质性下贸易摩擦持续时间对出口国内增加值率影响的回归结果。第(1)和(3)列为没有控制任何固定效应的回归结果;第(2)和(4)列为控制了企业固定效应、时间固定效应、行业固定效应和省份固定效应的回归结果。对于资本密集型企业贸易摩擦持续时间系数来说,在没有控制固定效应时系数值为 -0.587 8,通过1%水平的显著性检验,控制固定效应时系数值为 -0.981 3 并通过1%水平的显著性检验;对于劳动密集型企业贸易摩擦持续时间系数来说,在没有控制固定效应时系数值为 -0.613 5 并通过10%水平的显著性检验,控制固定效应时系数值为 -0.738 8 并通过5%水平的显著性检验。整体而言,企业受到的贸易摩擦持续时间的提高对出口国内增加值率的提高有一定的抑制作用,在控制一系列固定效应后资本密集型企业的贸易摩擦持续时间系数绝对值大于劳动密集型企业,说明资本密集型企业贸易摩擦持续时间增加对出口国内增加率提高,相较劳动密集型企业降低更为明显。出现这种不同的结果,其可能的原因是劳动密集型企业相对资本密集型企业抵御外部贸易环境冲击的韧性较小,在遭遇持续的贸易摩擦后,部分企业选择退出出口贸易,所以在整体上的出口国内增加值率的下降相对更小。

表5-17　企业异质性:要素密集度

变量	资本密集型企业		劳动密集型企业	
	(1)	(2)	(3)	(4)
CXSJ	-0.587 8***	-0.981 3***	-0.613 5*	-0.738 8**
	(0.188 0)	(0.186 4)	(0.327 4)	(0.321 6)
Owp	5.339 5***	2.954 8***	5.178 8***	2.003 0***
	(0.173 3)	(0.180 0)	(0.187 3)	(0.191 0)
Cap	-1.066 3***	-1.185 0***	-0.165 4**	-0.403 7***
	(0.063 6)	(0.063 5)	(0.070 8)	(0.070 2)
Size	-0.305 5***	-0.101 9	-1.197 4***	-1.277 7***
	(0.075 0)	(0.077 7)	(0.089 4)	(0.090 4)

表 5-17(续)

变量	资本密集型企业		劳动密集型企业	
	(1)	(2)	(3)	(4)
Fc	0.053 1	−0.414 4***	0.917 9***	0.324 6***
	(0.114 3)	(0.119 6)	(0.114 0)	(0.116 3)
HHI	−2.350 0*	−1.838 1	50.448 6***	45.912 7***
	(1.204 4)	(1.244 1)	(11.782 8)	(12.258 2)
常数项	67.571 6***	46.669 3***	70.241 5***	45.665 3***
	(0.535 6)	(0.889 5)	(0.615 4)	(0.836 8)
企业固定效应	不控制	控制	不控制	控制
时间固定效应	不控制	控制	不控制	控制
行业固定效应	不控制	控制	不控制	控制
省份固定效应	不控制	控制	不控制	控制
Observations	219 426	219 426	186 992	186 992
R-squared	0.006 9	0.025 5	0.006 0	0.042 5

二、企业所有制异质性

根据企业所有制的差异,可将企业分为国有企业、外商独资企业、中外合资企业、私营企业和集体企业。表 5-18 所示为区分企业所有制异质性下贸易摩擦持续时间对出口国内增加值率影响的回归结果,并控制了企业固定效应、时间固定效应、行业固定效应和省份固定效应。对于国有企业来说,贸易摩擦持续时间的系数为 −1.163 6 但没有通过 10% 水平的显著性检验,说明国有企业受到的贸易摩擦持续时间对出口国内增加值率抑制作用不明显;对于外商独资企业来说,贸易摩擦持续时间的系数为 −0.708 5 并通过 1% 水平的显著性检验,说明外商独资企业受到的贸易摩擦持续时间对出口国内增加值率具有显著的抑制作用;对于中外合资企业来说,贸易摩擦持续时间的系数为 −0.777 1 并通过 5% 水平的显著性检验,说明中外合资企业受到的贸易摩擦持续时间对出口国内增加值率具有显著的抑制作用;对于私营企业来说,贸易摩擦持续时间的系数为 −3.966 4 并通过 1% 水平的显著性检验,说明私营企业受到的贸易摩擦持续时间对出口国内增加值率具有显著的抑制作用。对于集体企业来说,贸易摩擦持续时间的系数为 −3.038 0 但没有通过 10% 水平的显著性检验,说明集体企业受到的贸易摩擦持续时间对出口国内增加值率抑制作用不明显。总体而言,贸易摩擦持续时间对外商独资企业、中外合资企业和私营企业的出口国内增加值率有显著的抑制作用,对国有企业和集体企业的影响作用不显著。出现这种结果可能的原因是,外商独资企业、中外合资企业和私营企业的产权一般是归个人所有或者是上市公司,这些追求企业利润和个人利益最大化的企业,市场化程度也较高。有些外资企业进入中国市场看重中国完备的工业体系和廉价的生产成本,生产出产品后可能选择低价出口到本国,从而遭遇的贸易摩擦概率较大,其持续时间也更长,所以这类企业在贸易摩擦持续时间对企业的出口国内增加值率的影响作用也更加显著。

表5-18　企业异质性:所有制差异

变量	国有企业	外商独资企业	中外合资企业	私营企业	集体企业
CXSJ	-1.163 6	-0.708 5***	-0.777 1**	-3.966 4***	-3.038 0
	(1.086 4)	(0.202 9)	(0.332 7)	(1.212 1)	(3.957 8)
Cap	-1.007 7***	-0.202 3**	-0.868 3***	-1.019 6***	-1.172 7***
	(0.251 4)	(0.083 1)	(0.093 5)	(0.121 1)	(0.262 9)
Size	-0.707 0***	-1.130 1***	-1.539 8***	-1.411 8***	-2.588 3***
	(0.244 0)	(0.099 8)	(0.125 6)	(0.160 8)	(0.291 7)
Fc	0.462 9	-0.657 2***	0.710 3***	-0.474 6*	0.084 9
	(0.591 4)	(0.121 1)	(0.181 8)	(0.261 1)	(0.619 6)
HHI	-2.172 0	0.571 1	-2.747 5	-2.518 5	-11.914 9
	(6.326 3)	(2.385 6)	(3.863 8)	(2.856 6)	(8.126 3)
常数项	65.441 8***	42.129 3***	54.046 4***	76.710 2***	78.086 6***
	(2.542 4)	(0.973 5)	(1.073 0)	(2.775 1)	(2.671 6)
企业固定效应	控制	控制	控制	控制	控制
时间固定效应	控制	控制	控制	控制	控制
行业固定效应	控制	控制	控制	控制	控制
省份固定效应	控制	控制	控制	控制	控制
Observations	15 941	129 944	85 661	68 893	15 153
R-squared	0.020 6	0.058 2	0.051 0	0.007 8	0.025 2

三、技术水平异质性

根据企业所属行业技术水平的差异性,可将企业分为低端行业企业、中低端行业企业、中高端行业企业和高端行业企业。表5－19所示为区分企业技术水平异质性下贸易摩擦持续时间对出口国内增加值率影响的回归结果,并控制了企业固定效应、时间固定效应、行业固定效应和省份固定效应。对于低端行业企业来说,贸易摩擦持续时间的系数为－0.4748但没有通过10%水平的显著性检验,说明低端行业企业受到的贸易摩擦持续时间对出口国内增加值率抑制作用不明显;对于中低端行业企业来说,贸易摩擦持续时间的系数为－1.2831并通过5%水平的显著性检验,说明中低端行业企业受到的贸易摩擦持续时间对出口国内增加值率具有显著的抑制作用;对于中高端行业企业来说,贸易摩擦持续时间的系数为－1.1323并通过1%水平的显著性检验,说明中高端行业企业受到的贸易摩擦持续时间对出口国内增加值率具有显著的抑制作用;对于高端行业企业来说,贸易摩擦持续时间的系数为－0.5119但没有通过1%水平的显著性检验,说明高端行业企业受到的贸易摩擦持续时间对出口国内增加值率抑制作用不明显。总体而言,贸易摩擦持续时间对中低端行业企业和中高端行业企业的出口国内增加值率有显著的抑制作用,对低端行业企业和高端行业企业的影响作用不显著。出现这种结果可能的原因是,当低端行业企业遭遇持续贸易摩擦时,可能会选择退出国外市场取消出口贸易,更多的转向国内销售;当高端行业企业遭遇持续的贸易摩擦时,由于高端行业企业一般具有更高的技术含量和附加值,能较好地抵御贸易摩擦这种外部的冲击;当中低端行业企业和中高端行业企业遭遇贸易摩擦时,出口国内增加值率下降最为显著。对于低端行业企业来说,贸易摩擦持续时间的影响不显著,而贸易摩擦频率的影响比较显著,可能的原因是当低端行业企业受到持续的贸易摩擦后,无法在市场竞争中持续存活,进而退出市场。

表5－19　企业异质性:技术水平差异

变量	低端行业	中低端行业	中高端行业	高端行业
CXSJ	－0.4748	－1.2831**	－1.1323***	－0.5119
	(0.3466)	(0.5934)	(0.2335)	(0.3336)
Owp	1.5246***	2.9207***	3.0349***	0.9155**
	(0.2112)	(0.3215)	(0.2381)	(0.3560)
Cap	－0.2525***	－1.0547***	－1.7351***	－0.8395***
	(0.0789)	(0.1137)	(0.0837)	(0.1265)
Size	－1.3883***	－0.3887***	0.1180	－0.3964***
	(0.1002)	(0.1455)	(0.1039)	(0.1476)

表 5 – 19（续）

变量	低端行业	中低端行业	中高端行业	高端行业
Fc	0.504 2***	– 0.749 2***	– 0.397 9**	– 0.692 8***
	(0.128 3)	(0.197 1)	(0.162 4)	(0.226 8)
HHI	35.155 9***	61.592 5***	– 3.228 1**	– 34.649 2*
	(12.554 3)	(14.591 6)	(1.295 3)	(17.812 5)
常数项	47.533 6***	25.002 5***	50.534 9***	56.291 0***
	(0.934 9)	(2.003 1)	(1.220 1)	(1.887 2)
企业固定效应	控制	控制	控制	控制
时间固定效应	控制	控制	控制	控制
行业固定效应	控制	控制	控制	控制
省份固定效应	控制	控制	控制	控制
Observations	152 026	69 507	128 708	56 177
R – squared	0.046 6	0.033 8	0.023 4	0.030 8

四、贸易方式异质性

根据企业贸易方式的差异性,可将企业分为一般贸易企业、加工贸易企业和混合贸易企业。表 5 – 20 所示为区分企业贸易方式异质性下贸易摩擦持续时间对出口国内增加值率影响的回归结果,并控制了企业固定效应、时间固定效应、行业固定效应和省份固定效应。对于一般贸易企业来说,贸易摩擦持续时间的系数为 – 5.752 0 并通过 1% 水平的显著性检验,说明一般贸易企业受到的贸易摩擦持续时间对出口国内增加值率具有显著的抑制作用;对于加工贸易企业来说,贸易摩擦持续时间的系数为 – 0.748 0 并通过 1% 水平的显著性检验,说明加工贸易企业受到的贸易摩擦持续时间对出口国内增加值率具有显著的抑制作用;对于混合贸易企业来说,贸易摩擦持续时间的系数为 – 0.309 2 但没有通过 1% 水平的显著性检验,说明混合贸易企业受到的贸易摩擦持续时间对出口国内增加值率抑制作用不明显。总体而言,贸易摩擦持续时间对一般贸易企业和加工贸易企业的出口国内增加值率有显著的抑制作用,对混合贸易企业的影响作用不显著。出现这种结果可能的原因是,大部分的企业属于一般贸易和加工贸易这两种贸易方式类企业,混合贸易主要指除两种类型之外的其他贸易方式企业,比如补偿贸易、租赁贸易和易货贸易等,这类企业遭遇贸易摩擦的概率较小,持续的贸易摩擦对此类贸易方式的企业造成的影响有限。由此可以看出,混合贸易企业的出口国内增加值率受贸易摩擦频率的影响作用更大,而受贸易摩擦持续时间的影响作用较小;一般贸易企业的出口国内增加值率受贸易摩擦频率的影响作用较小,而受贸易摩擦持续时间的影响作用较大。

表 5-20　企业异质性:贸易方式差异

变量	一般贸易	加工贸易	混合贸易
CXSJ	-5.752 0***	-0.748 0***	-0.309 2
	(0.866 8)	(0.242 1)	(0.214 5)
Owp	0.675 4***	-5.126 4***	-3.988 6***
	(0.217 7)	(0.273 1)	(0.204 3)
Cap	-2.815 4***	-0.916 5***	1.054 2***
	(0.077 2)	(0.089 9)	(0.069 2)
Size	-0.346 3***	0.246 9*	1.583 2***
	(0.098 0)	(0.132 1)	(0.084 5)
Fc	-0.727 5***	-0.656 5***	0.147 7
	(0.149 4)	(0.150 8)	(0.124 9)
HHI	-6.089 2***	24.968 6***	0.698 9
	(1.651 5)	(8.206 7)	(1.639 9)
常数项	79.509 2***	35.815 4***	23.837 8***
	(1.015 7)	(1.257 6)	(0.795 5)
企业固定效应	控制	控制	控制
时间固定效应	控制	控制	控制
行业固定效应	控制	控制	控制
省份固定效应	控制	控制	控制
Observations	131 935	104 657	169 826
R-squared	0.038 7	0.060 8	0.040 3

五、东中西部地区异质性

根据企业所在地的差异性,可将企业分为东部地区企业、中部地区企业和西部地区企业。表 5-21 所示为区分企业所在地异质性下贸易摩擦持续时间对出口国内增加值率影响的回归结果,并控制了企业固定效应、时间固定效应、行业固定效应和省份固定效应。对于东部地区企业来说,贸易摩擦持续时间的系数为 −1.043 5 并通过 1% 水平的显著性检验,说明东部地区企业受到的贸易摩擦持续时间对出口国内增加值率具有显著的抑制作用;对于中部地区企业来说,贸易摩擦持续时间的系数为 −0.548 2 但没有通过 10% 水平的显著性检验,说明中部地区企业受到的贸易摩擦持续时间对出口国内增加值率抑制作用不明显;对于西部地区企业来说,贸易摩擦持续时间的系数为 −3.072 8 并通过 10% 水平的显著性检验,说明西部地区企业受到的贸易摩擦持续时间对出口国内增加值率具有显著的抑制作用。总体而言,贸易摩擦持续时间对东部地区企业和西部地区企业的出口国内增加值率有显著的抑制作用,对中部地区企业的影响作用不显著。出现这种结果可能的原因是,从事国外贸易的企业所在地绝大部分属于东部地区,这类企业是中国对外出口贸易主要组成部分,企业往往具有更高的技术水平和成熟的发展规模和体系。但这部分企业往往是国外对华贸易摩擦的重点对象,持续的贸易摩擦对企业的出口国内增加值率带来较大影响。由此可以看出,中部地区企业的出口国内增加值率受贸易摩擦频率的影响作用更大,而受贸易摩擦持续时间的影响作用较小;西部地区企业的出口国内增加值率受贸易摩擦频率的影响作用较小而受贸易摩擦持续时间的影响作用较大。

表 5−21　企业异质性:东中西部地区

变量	东部地区	中部地区	西部地区
CXSJ	−1.043 5***	−0.548 2	−3.072 8*
	(0.175 7)	(0.413 7)	(1.643 8)
Owp	2.243 0***	2.496 4 * * *	2.987 3***
	(0.139 3)	(0.461 1)	(0.883 4)
Cap	−0.878 9***	−0.458 7 * * *	−1.222 7***
	(0.049 1)	(0.155 8)	(0.268 8)
Size	−0.763 4***	−0.062 0	−0.945 6***
	(0.063 8)	(0.181 4)	(0.305 9)
Fc	−0.078 3	−0.027 6	0.027 5
	(0.089 6)	(0.257 6)	(0.601 4)
HHI	−2.711 0**	5.826 3	0.280 6
	(1.288 1)	(4.186 5)	(6.268 7)
常数项	46.909 7***	48.497 5***	64.391 3***
	(0.612 5)	(1.977 0)	(3.467 0)

表 5 - 21(续)

变量	东部地区	中部地区	西部地区
企业固定效应	控制	控制	控制
时间固定效应	控制	控制	控制
行业固定效应	控制	控制	控制
省份固定效应	控制	控制	控制
Observations	359 381	35 676	11 361
R - squared	0.034 7	0.019 6	0.015 8

第四节　本章小结

本章利用 2000—2013 年中国工业企业数据库、海关数据库和世界银行全球反倾销数据库匹配数据,检验贸易摩擦持续时间对企业出口国内增加值率的影响作用。研究表明,当企业受到的贸易摩擦持续时间增加时,企业的出口国内增加值率将会显著降低。

首先,本章对实证模型进行了一系列稳健性检验,当企业受到反倾销初步判定损害、初步判定倾销和最终判定倾销持续时间增加时,企业的出口国内增加值率将会显著降低,即贸易摩擦持续时间对出口国内增加值率具有显著抑制作用。这和使用企业受到的反倾销调查持续时间作为核心解释变量的结果一致,进一步验证了结果的稳健性。在整理数据实证分析过程中,个别变量的方差较大,存在极大值和极小值,为消除这种极端值对估计的影响,采用缩尾处理方法处理变量后重新做回归分析;汇率是国际贸易中最重要的调节杠杆,删除 2005 年前的样本,重新估计检验本书研究的稳健性;考虑国内投入中含有国外成分的处理,除进口外企业还将通过国内购买来获取中间投入,而国内中间投入中可能包含来自国外的产品,Koopman 等(2012)认为这一份额在 5% ~ 10%,借鉴吕越等(2015)、吕越和邓利静(2020)的研究,使用 5% 这一数值重新调整估算企业出口国内增加值率。所有的检验结果和基准回归结果基本保持一致,这进一步说明了本书研究的稳健性和可靠性。考虑到当企业 i 在 t 年受到反倾销调查时,企业 i 在 t 年出口国内增加值率的变化未必能够得到明显的体现,可能在 $t+1$ 年才会反映出来,或者企业 i 在 t 年出口国内增加值率的变化会受到 $t-1$ 年的反倾销调查的影响,贸易摩擦持续时间对出口国内增加值率具有显著抑制作用。考虑到中国加入世界贸易组织后对贸易摩擦持续时间与出口国内增加值关系的冲击作用,中国加入世界贸易组织和贸易摩擦的交互项系数值为正值,系数符号和显著性水平未发生较大变化,说明中国加入世界贸易组织对出口国内增加值率的影响方向较为稳健,均通过 1% 水平的显著性检验,说明中国加入世界贸易组织后会降低贸易摩擦持续时间对出口国内增加值率的抑制作用。2008 年金融危机发生后贸易摩擦持续时间对出口国内增加值率具有显著抑制作用,由于在金融危机发生后的贸易摩擦持续时间系数绝对值大于金融危机发生前,说明相对发生金融危机之前,金融危机之后贸易摩擦持续时间对企业出口国内增加值率的影响作用更大一些;所有的检验结果和基准回归结果基本保持一致,这进一步说明了本书研究的稳健性和可靠性。借鉴耿伟和杨晓亮(2020)的思路,使用企业受到的反倾销调查频率滞后一期作为工具变量,为了进一步确定估计的稳健性进行两阶段最小二乘估计,解决了回归模型可能存在的内生性问题,并采用不同的基础回归模型后,贸易摩擦频率对企业出口国内增加值率具有显著抑制作用。

使用调节效应模型检验了贸易摩擦持续时间对中国制造业企业的出口国内增加值率的影响机制分析。研究表明,企业出口质量、企业生产率和企业退出的提高将会弱化企业受到贸易摩擦持续时间对出口增加值率的抑制作用。

基于前文的分析,企业之间存在异质性,从企业要素密集度异质性分析来说,对于劳动和资本密集型企业,企业受到贸易摩擦持续时间的提高对出口国内增加值率的提高有一定的抑制作用,但资本密集型企业受到的抑制作用相对更大;从企业所有制异质性来说,贸易摩擦持续时间对外商独资企业、中外合资企业和私营企业的出口国内增加值率有显著的抑制作用,对国有企业和集体企业的影响作用不显著;从企业技术水平异质性来说,贸易摩擦持续时间对中低端行业企业和中高端行业企业的出口国内增加值率有显著的抑制作用,对低端行业企业和高端行业企业的影响作用不显著;从企业贸易方式异质性来说,贸易摩擦持续时间对一般贸易企业和加工贸易企业的出口国内增加值率有显著的抑制作用,对混合贸易企业的影响作用不显著;从企业所属东中西部地区异质性来说,贸易摩擦持续时间对东部地区企业和西部地区企业的出口国内增加值率有显著的抑制作用,对中部地区企业的影响作用不显著。

第六章　研究结论与政策启示

本章对贸易摩擦影响企业出口国内增加值率影响的研究进行总结性概括,主要包括贸易摩擦对企业出口国内增加值率的影响作用、贸易摩擦对企业出口国内增加值率的影响机制和贸易摩擦对企业出口国内增加值率的异质性。根据研究的主要结论,提出积极应对、抵御和缓解国际贸易摩擦的一些基本策略,为"建设更高水平开放型经济新体制,全面提高对外开放水平,推动贸易由化便利化"的战略目标提供理论支撑和经验证据。

第一节　主要结论

本书沿着 Melitz(2003)提出的企业异质性贸易模型分析框架,借鉴贸易摩擦对出口国内增加值率影响的理论模型(Dixit 和 Stiglitz,1977;Eaton 和 Kortum,2002;Melitz 和 Ottaviano,2008;Mayer 等,2014;Kee 和 Tang,2016),使用中国工业企业数据和海关数据库等匹配的海量微观数据,研究了贸易摩擦对出口国内增加值率的影响。从贸易摩擦频率和贸易摩擦持续时间两个维度衡量贸易摩擦(余振等,2018;张先锋等,2018;毛其淋,2020),在企业异质性贸易理论基础上,尝试解答以下三个问题:(1)贸易摩擦对企业出口国内增加值率有什么影响,是促进作用还是抑制作用? (2)在解答第一个问题的基础之上,探讨贸易摩擦对企业出口国内增加值率的影响机制是什么? (3)贸易摩擦对企业出口国内增加值率影响的异质性有什么特征?

一、贸易摩擦对企业出口国内增加值率的影响作用

使用企业受到反倾销调查频率数据作为衡量贸易摩擦频率的代理变量,利用2000—2013 年中国工业企业数据库、海关数据库和世界银行临时性贸易壁垒数据库匹配数据,检验贸易摩擦频率对企业出口国内增加值率的影响作用。研究表明,当企业受到贸易摩擦频率增加时,企业的出口国内增加值率将会显著降低,即贸易摩擦频率对出口国内增加值率具有显著抑制作用。使用企业受到反倾销调查持续时间数据作为衡量贸易摩擦持续时间的代理变量,利用2000—2013 年中国工业企业数据库、海关数据库和世界银行临时性贸易壁垒数据库匹配数据,检验贸易摩擦持续时间对企业出口国内增加值率的影响作用。研究表明,当企业受到贸易摩擦

持续时间增加时,企业的出口国内增加值率将会显著降低,即贸易摩擦持续时间对出口国内增加值率具有显著抑制作用。

二、贸易摩擦对企业出口国内增加值率的影响机制

使用企业受到反倾销调查频率数据作为衡量贸易摩擦频率的代理变量,构建调节效应模型检验了贸易摩擦频率对中国制造业企业的出口国内增加值率的影响机制分析。研究表明,企业退出的增加将会弱化企业受到贸易摩擦频率对出口增加值率的抑制作用;成本加成定义为产品价格对边际成本的偏离,其大小通常度量了企业的市场势力和贸易利得,企业成本加成的提高有利于弱化企业受到贸易摩擦频率对出口国内增加值率的抑制作用;根据 Khandelwal 等(2013)的方法可得产品出口质量的测算,企业出口质量的提高有利于弱化企业受到贸易摩擦频率对出口国内增加值率的抑制作用;OP 法考虑了中间投入的影响,本书采用此方法计算企业生产率,企业生产率的提高有利于弱化企业受到贸易摩擦频率对出口国内增加值率的抑制作用。

使用企业受到反倾销调查持续时间数据作为衡量贸易摩擦持续时间的代理变量,构建调节效应模型检验了贸易摩擦持续时间对中国制造业企业的出口国内增加值率的影响机制分析,企业出口质量、企业生产率和企业退出的提高将会弱化贸易摩擦持续时间企业出口国内增加值率的抑制作用。

三、贸易摩擦对企业出口国内增加值率影响的异质性

基于前文的分析,企业之间存在异质性,使用企业受到反倾销调查频率数据作为衡量贸易摩擦频率的代理变量,从企业要素密集度异质性来看,当企业受到贸易摩擦频率增加时,资本密集型和劳动密集型企业的出口国内增加值率均会显著降低,但劳动密集型企业受贸易摩擦频率的影响更大。从企业所有制异质性来看,贸易摩擦频率对国有企业和集体企业的出口国内增加值率影响作用不显著,对外商独资企业、中外合资企业和私营企业具有显著的抑制作用;从企业技术水平异质性来看,贸易摩擦频率对高端行业企业的出口国内增加值率影响作用不显著,对低端行业企业、中低端行业企业和中高端行业企业具有显著的抑制作用;从企业贸易方式异质性来看,贸易摩擦频率对一般贸易企业的出口国内增加值率影响作用不显著,对加工贸易和混合贸易企业具有显著的抑制作用;从企业所属东中西部地区异质性来看,贸易摩擦频率对西部地区企业的出口国内增加值率影响作用不显著,对东部地区和中部地区企业具有显著的抑制作用。

使用企业受到反倾销调查持续时间数据作为衡量贸易摩擦持续时间的代理变量,从企业要素密集度异质性来看,对于劳动和资本密集型企业,企业受到贸易摩

擦持续时间的提高对出口国内增加值率的提高有一定的抑制作用,但资本密集型企业受到的抑制作用相对更大;从企业所有制异质性来看,贸易摩擦持续时间对外商独资企业、中外合资企业和私营企业的出口国内增加值率有显著的抑制作用,对国有企业和集体企业的影响作用不显著;从企业技术水平异质性来看,贸易摩擦持续时间对中低端行业企业和中高端行业企业的出口国内增加值率有显著的抑制作用,对低端行业企业和高端行业企业的影响作用不显著;从企业贸易方式异质性来看,贸易摩擦持续时间对一般贸易企业和加工贸易企业的出口国内增加值率有显著的抑制作用,对混合贸易企业的影响作用不显著;从企业所属东中西部地区异质性来看,贸易摩擦持续时间对东部地区和西部地区企业的出口国内增加值率有显著的抑制作用,对中部地区企业的影响作用不显著。

第二节　政策启示

一、调整贸易结构以应对贸易摩擦的抑制作用

贸易摩擦对企业出口国内增加值率影响的异质性分析表明,劳动密集型企业受贸易摩擦频率的影响更大;贸易摩擦频率对高端行业企业的出口国内增加值率影响作用不显著,对低端行业企业、中低端行业企业和中高端行业企业具有显著的抑制作用;贸易摩擦持续时间对中低端行业企业和中高端行业企业的出口国内增加值率有显著的抑制作用,对低端行业企业和高端行业企业的影响作用不显著。因此,我国应优化贸易结构应对贸易冲击对企业出口国内增加值的抑制作用。

当前中国高新技术产品出口占比较低,距离发达国家还有一定差距,且该类出口产品有相当一部分属于外贸加工,贸易冲击会对企业出口国内增加值率产生较强的抑制作用。中国在经济发展初期凭借着丰富的劳动力资源优势,劳动密集型产业对外出口发展迅速,随着经济的快速发展,积累了大量的资本和技术要素,所以应提高资本和技术密集型产业在对外贸易出口中的比重,要大力发展高质量、高技术、高附加值产品贸易,加快推动智能制造发展。在具有优势的劳动密集型产业中,利用自身优势和要素禀赋,引进发达国家的先进产品和先进技术进行研究,通过引进先进的技术和提高对劳动密集型企业的科研投入。加快产业转移和产品升级换代,淘汰落后产能,合理利用资源提高相关工业制品的技术含量,加大对信息、服务等高附加值要素的投入,优化发展战略型主导产业,实现产业结构向技术密集型和知识服务型转变,加快转变中国外贸的增长方式。要在实践中建立起科学的外贸发展绩效考核体系,引导地方和企业处理好规模与速度的关系,以及质量与效益的关系,转变原有的粗放型外贸增长方式,把外贸的发展重点放到提高质量与效

益上。

中国的贸易结构长期依赖以劳动力和自然资源为贸易主要优势,缺乏在高新技术层面上的贸易结构,多年来的贸易成果积累了充盈的资本,为产业结构的升级和优化提供了资金上的支持。金融效率在金融发展中的提升不仅可以使企业在生产中获得放大性的效应,也可以为企业提高资本在生产要素中的比例,促进企业加大对资本投入、优化国家贸易结构创造基础。借助于金融业经营方式的转变,在混业经营方式下获得风险资金为中小企业的发展提供资金支持,可通过金融产品帮助企业规避全局经济下滑带来的负面影响,改善企业的贸易环境,改良企业的贸易运作模式,支持企业的技术进入;充分利用金融发展带来的机遇实现企业创新,通过引进技术和合资生产推进企业的技术创新和产品升级。

二、推动企业高质量发展以抵御贸易摩擦的影响

从研究结论可以看出,企业退出的增加将会弱化企业受到贸易摩擦频率对出口国内增加值率的抑制作用;企业成本加成的提高有利于弱化企业受到贸易摩擦频率对出口国内增加值率的抑制作用;企业出口质量的提高有利于弱化企业受到贸易摩擦频率对出口国内增加值率的抑制作用;企业生产率的提高有利于弱化企业受到贸易摩擦频率对出口增加值率的抑制作用。贸易摩擦持续时间对中国制造业企业的出口国内增加值率的影响机制也表明企业出口质量、企业生产率和企业退出的提高将会弱化贸易摩擦持续时间企业出口国内增加值率的抑制作用。因此,企业应提高出口质量和生产质量,以高质量发展来抵御贸易摩擦的冲击。

企业创新和转变发展方式有利于企业高质量发展,当遭遇来自外部的贸易摩擦时,有利于抵御贸易摩擦带来的不良影响。要提高企业自身的创新水平,可通过加大研发投入、构建创新机制、积极引进高端人才等措施来实现。除此之外,企业应充分认识到技术创新的重要性,在保证正常运营下设置足够的研发基金。在知识产权上,应更加完善内外兼治的法律和法规及审批体系,查找并消除知识产权保护的漏洞,加大知识产权侵权惩罚力度。在当前贸易保护主义势力逐渐抬头的国际贸易大背景下,中国传统行业企业势必将会受到更大的冲击,负面影响将会更大,企业应转变发展方式,尤其是要鼓励传统行业要开发高质量产品、采用高科技技术促进产品质量升级。

三、重视中西部对外贸易发展以缓解贸易摩擦的冲击

从企业所属东中西部地区异质性来看,贸易摩擦频率对西部地区企业的出口国内增加值率影响作用不显著,对东部地区和中部地区企业具有显著的抑制作用;贸易摩擦持续时间对东部地区企业和西部地区企业的出口国内增加值率有显著的

抑制作用,对中部地区企业的影响作用不显著。因此,应重视中西部对外贸易的发展,缓解贸易摩擦对企业出口国内增加值的抑制作用。

中西部各省份应立足现有的传统比较优势,巩固发展以劳动和自然资源密集型为主的传统服务贸易产业,如运输服务、旅游服务业等,以形成一批具有较强国际竞争力的优势服务贸易产业。中西部地区要充分发挥区域优势,进一步强化人才支撑体系,以高端人才带动高新自主产业的发展,推动加工贸易从组装加工为主的低端方向,向研发、设计、核心器件制造以及物流等中高端方向升级,从劳动密集型向技术密集型、从资源密集型向资源节约型转变。以省会城市为核心,大力培育发展以通讯、计算机和信息服务、会计、咨询等新兴服务业为基础的现代服务贸易,并不断提高其在全省服务贸易总额中的比重。同时,坚持以区域中心城市为支撑,构建以省会城市为中心,各地级城市为节点,覆盖各大省级经济区、辐射省外周边地区的中西部服务贸易产业新格局。

中西部地区的产业投资主要集中在以制造业为代表的劳动密集型产业,在新兴贸易产业的发展缺乏投资驱动。政府应不断强化对新兴贸易产业领域的产业投资导向,充分发挥财政资金的作用,鼓励、引导各类民间资本进入服务贸易,尤其是智力密集和资金密集型的新兴服务贸易领域。同时,制定适当的政策进一步整合优化海关特殊监管区域,促进加工贸易向中西部地区转移和产业链中高端环节延伸;建立服务贸易创新发展试点,将享受政策的企业范围由服务外包企业扩大到高技术、高附加值的其他服务行业,给予缴纳企业所得税的优惠;鼓励和支持省内服务贸易企业通过合资合作等多种方式,积极引进国外先进技术和管理经验,充分发挥服务贸易市场开放合作所带来的技术溢出效应,促进西部各省现代服务贸易产业的发展。全国出现服务外包向西趋势,已初步形成服务外包知名跨国企业、国内领军企业,以及本土企业聚集发展的产业格局。因此,西部各省份开展服务贸易创新发展试点,增加服务外包示范城市,加快发展文化对外贸易,不断完善服务外包政策,创建整体服务外包品牌,积极打造一批国际知名、中西部领先的服务外包中心城市。

第三节　研究展望

本书从理论和实证比较全面地分析了贸易摩擦对企业出口国内增加值率的影响,得出无论是企业遭遇的贸易摩擦频率还是贸易摩擦持续时间均会对企业的出口国内增加值率带来一定的抑制作用。接着从多维度进一步检验了研究的稳健性,解决了研究可能存在的内生性问题,并使用调节效应模型检验了贸易摩擦对企业出口国内增加值率影响的机制及企业异质性下的影响作用。但是,由于本书的研究范围、数据资料获得性和质量等的限制,以及作者学术水平的局限性,有些内容仍需展开进一步研究,具体包括以下几个方面。

第一,贸易摩擦对企业出口国内增加值影响机制的拓展。虽然本书通过贸易摩擦影响企业出口国内增加值率的理论模型中,通过推导得出一些影响机制,但由于数据的可获得性和更新速度,以及作者阅读文献和文章篇幅限制,仍有可能忽略了部分重要的影响机制。例如,贸易摩擦可能通过导致遭遇贸易摩擦的企业的利润降低,从而减少了研发投入和技术创新能力,影响企业的出口国内增加值率,除中介效应和调节效应外,贸易摩擦对企业出口国内增加值率的影响机制可能更为复杂。

第二,完善企业出口国内增加值率的测算。国内外学者对于出口国内增加值的测算没有一个绝对统一的标准,比如宏观层面有 Hummels 等(2001)提出的 HIY法、Koopman 等(2008,2010,2012)提出的 KWW 法、KPWW 法及王直等(2015)提出将所用的各层面中间品贸易,根据其产地和被最终吸收目的地进行分解,形成被不同国家、不同部门最终产品生产所吸收的各个部分,将贸易总出口分解成 16 个部门内容;微观层面有 Kee 和 Tang(2016)、Upward 等(2013)、张杰等(2013)和吕越等(2015)提出的方法。虽然本书尽可能选择目前发展较为成熟和前沿的研究方法来测算得出企业出口国内增加值率进行精确的实证分析,但企业的出口国内增加值率属于一种隐形信息,在测算过程中必然会产生一定的误差。如果不能准确测算出企业的出口国内增加值率,有可能会对一些企业的针对性政策带来误判,因此在接下来的研究中要更加广泛地阅读有关企业层面的出口国内增加值率的测算,尽可能使量化结果误差最小化,从而使得企业的出口国内增加值率的测算更为精确,也为后续的实证研究打下坚实的基础。

第三,完善贸易摩擦对企业国内出口增加值率经验研究。近年来,经济学界越来越重视使用微观数据进行研究,相对宏观数据或者行业数据,微观企业数据的优势更明显,它包含了企业行为的更多信息,同时有助于保证计量估计的一致性和有效性。已有少量文献研究了贸易摩擦对全球价值链的影响,但都是基于行业层面等宏观领域的研究,关于企业微观层面的研究还属于空白。贸易摩擦除对企业的出口国内增加值率带来一定的影响,也有可能对企业的全球价值链嵌入带来一定的影响,因此为了进一步深化认识贸易摩擦可能对企业产品的影响,下一步可以从企业层面研究贸易摩擦对全球价值链的影响。

参考文献

[1] 北京大学中国经济研究中心课题组,2006. 中国出口贸易中的垂直专门化与中美贸易[J]. 世界经济(05):3-11,95.

[2] 蔡万象,李培凯,2021. 管理学研究中的内生性问题及其解决策略:工具变量的应用[J]. 中国人力资源开发,38(02):6-22.

[3] 陈龙江,王梅,2018. 金融危机后印度贸易保护措施对中国出口的影响[J]. 国际经贸探索(5):105-118.

[4] 樊海潮,郭光远,2015. 出口价格、出口质量与生产率间的关系:中国的证据[J]. 世界经济,38(02):58-85.

[5] 樊海潮,张丽娜,2018. 中间品贸易与中美贸易摩擦的福利效应:基于理论与量化分析的研究[J]. 中国工业经济(09):41-59.

[6] 樊勇,王婉如,蔡松锋,2017. 关税下降、进口贸易与财政收入效应研究[J]. 财政研究(11):75-84.

[7] 高新月,鲍晓华,2020. 反倾销如何影响出口产品质量?[J]. 财经研究,46(02):21-35.

[8] 郭晴,陈伟光,2019. 基于动态 CGE 模型的中美贸易摩擦经济效应分析[J]. 世界经济研究(08):103-117,136.

[9] 韩国高,邵忠林,张倩,2021. 外资进入有助于本土企业"稳就业"吗——来自中国制造业的经验证据[J]. 国际贸易问题(05):81-95.

[10] 胡方,2001. 日美经济摩擦的理论与实态分析[M]. 武汉:武汉大学出版社.

[11] 蒋为,孙浦阳,2016. 美国对华反倾销、企业异质性与出口绩效[J]. 数量经济技术经济研究,33(07):59-76.

[12] 李春顶,何传添,林创伟,2018. 中美贸易摩擦应对政策的效果评估[J]. 中国工业经济(10):137-155.

[13] 李胜旗,毛其淋,2017. 制造业上游垄断与企业出口国内附加值——来自中国的经验证据[J]. 中国工业经济(03):101-119.

[14] 李小帆,马弘,2019. 服务业 FDI 管制与出口国内增加值率:来自跨国面板的证据[J]. 世界经济,42(05):123-144.

[15] 李泽鑫,赵忠秀,薛瑞,2021. 电子商务平台应用与企业出口国内增加值率——基于 B2B 商业模式的经验分析[J]. 国际贸易问题(05):49-63.

［16］林学访,2007. 论贸易摩擦的成因与影响［J］. 国际贸易(5):44-47.

［17］林正静,2019. 中间品贸易自由化与中国制造业企业出口产品质量升级［J］.
国际经贸探索,35(02):32-53.

［18］刘斌,王乃嘉,屠新泉,2018. 贸易便利化是否提高了出口中的返回增加值
［J］. 世界经济,41(08):103-128.

［19］刘斌,赵晓斐,2020. 制造业投入服务化、服务贸易壁垒与全球价值链分工
［J］. 经济研究,55(07):159-174.

［20］龙小宁,方菲菲,CHANDRA P,2018. 美国对华反倾销的出口产品种类溢出效
应探究［J］. 世界经济,41(05):76-98.

［21］鲁晓东,连玉君,2012. 中国工业企业全要素生产率估计:1999—2007［J］. 经
济学(季刊),11(02):541-558.

［22］罗胜强,鲍晓华,2019. 反倾销影响了在位企业还是新企业:以美国对华反倾
销为例［J］. 世界经济,42(03):118-142.

［23］吕越,邓利静,2020. 全球价值链下的中国企业"产品锁定"破局——基于产
品多样性视角的经验证据［J］. 管理世界,36(08):83-98.

［24］吕越,罗伟,刘斌,2015. 异质性企业与全球价值链嵌入:基于效率和融资的
视角［J］. 世界经济,38(08):29-55.

［25］吕越,吕云龙,包群,2017. 融资约束与企业增加值贸易［J］. 金融研究(5):
63-79.

［26］吕越,盛斌,吕云龙,2018. 中国的市场分割会导致企业出口国内附加值率下
降吗［J］. 中国工业经济(5):5-23.

［27］马丹,何雅兴,2020. 中国出口中的国外增加值测算与演变探析［J］. 统计研
究,37(03):3-19.

［28］马丹,许建华,史代敏,2020. 贸易增加值分解新框架下出口增加值的测算与
影响分析［J］. 统计与信息论坛,35(04):3-14.

［29］马述忠,张洪胜,王笑笑,2017. 融资约束与全球价值链地位提升——来自中
国加工贸易企业的理论与证据［J］. 中国社会科学(1):83-107.

［30］毛其淋,许家云,2018. 贸易政策不确定性与企业储蓄行为——基于中国加
入WTO的准自然实验［J］. 管理世界,34(05):10-27,62,179.

［31］毛其淋,许家云,2019. 贸易自由化与中国企业出口的国内附加值［J］. 世界
经济,42(01):3-25.

［32］毛其淋,2020. 贸易政策不确定性是否影响了中国企业进口?［J］. 经济研
究,55(02):148-164.

［33］倪红福,夏杰长,2016. 中国区域在全球价值链中的作用及其变化［J］. 财贸

经济(10):87-101.

[34] 聂辉华,江艇,杨汝岱,2012. 中国工业企业数据库的使用现状和潜在问题[J]. 世界经济,35(05):142-158.

[35] 潘文卿,李跟强,2018. 中国区域的国家价值链与全球价值链:区域互动与增值收益[J]. 经济研究,53(03):171-186.

[36] 彭冬冬,杜运苏,2016. 中间品贸易自由化与出口贸易附加值[J]. 中南财经政法大学学报(06):92-101.

[37] 彭冬冬,罗明津,2018. 国外贸易保护措施对中国制造业出口的影响——来自企业层面的微观证据[J]. 财经研究(3):125-138.

[38] 齐鹰飞,YF L,2019. 跨国投入产出网络中的贸易摩擦——兼析中美贸易摩擦的就业和福利效应[J]. 财贸经济,40(05):83-95.

[39] 钱学锋,范冬梅,黄汉民,2016. 进口竞争与中国制造业企业的成本加成[J]. 世界经济,39(03):71-94.

[40] 钱学锋,范冬梅,2015. 国际贸易与企业成本加成:一个文献综述[J]. 经济研究,50(02):172-185.

[41] 钱学锋,潘莹,毛海涛,2015. 出口退税、企业成本加成与资源误置[J]. 世界经济,38(08):80-106.

[42] 沈国兵,袁征宇,2020. 互联网化对中国企业出口国内增加值率提升的影响[J]. 财贸经济,41(07):130-146.

[43] 沈国兵,2008. 美国对中国反倾销的贸易效应:基于木制卧室家具的实证分析[J]. 管理世界(04):48-57,186-187.

[44] 盛斌,毛其淋,2017. 进口贸易自由化是否影响了中国制造业出口技术复杂度[J]. 世界经济,40(12):52-75.

[45] 施炳展,2016. 互联网与国际贸易——基于双边双向网址链接数据的经验分析[J]. 经济研究,51(05):172-187.

[46] 施炳展,2014. 中国企业出口产品质量异质性:测度与事实[J]. 经济学(季刊),13(01):263-284.

[47] 苏庆义,2016. 中国省级出口的增加值分解及其应用[J]. 经济研究,51(01):84-98,113.

[48] 苏振东,刘璐瑶,洪玉娟,2012. 对外反倾销措施提升中国企业绩效了吗[J]. 财贸经济(03):68-75.

[49] 苏振东,邵莹,2013. 对外反倾销措施能否改善中国企业绩效?——以化工产品"双酚 A"案例为例[J]. 经济评论(04):81-87,107.

[50] 田巍,余淼杰,2014. 中间品贸易自由化和企业研发:基于中国数据的经验分

析[J]. 世界经济,37(06):90-112.

[51] 王开,佟家栋,2020. 贸易保护壁垒对出口产品的动态影响效应研究——来自中国对美出口 HS—6 分位产品的证据[J]. 南开经济研究(02):163-178.

[52] 王小梅,秦学志,尚勤,2014. 金融危机以来贸易保护主义对中国出口的影响[J]. 数量经济技术经济研究(5):20-36.

[53] 王晓星,倪红福,2019. 基于双边进口需求弹性的中美经贸摩擦福利损失测算[J]. 世界经济,42(11):27-50.

[54] 王孝松,施炳展,谢申祥,等,2014. 贸易壁垒如何影响了中国的出口边际?——以反倾销为例的经验研究[J]. 经济研究,49(11):58-71.

[55] 王宇,李海洋,2017. 管理学研究中的内生性问题及修正方法[J]. 管理学季刊,2(03):20-47,170-171.

[56] 王直,魏尚进,祝坤福,2015. 总贸易核算法:官方贸易统计与全球价值链的度量[J]. 中国社会科学(09):108-127,205-206.

[57] 魏悦羚,张洪胜,2019. 进口自由化会提升中国出口国内增加值率吗——基于总出口核算框架的重新估计[J]. 中国工业经济(03):24-42.

[58] 文东伟,2017. 增加值贸易与中国比较优势的动态演变[J]. 数量经济技术经济研究,34(01):58-75.

[59] 奚俊芳,陈波,2014. 国外对华反倾销对中国出口企业生产率的影响:以美国对华反倾销为例[J]. 世界经济研究(03):59-65,89.

[60] 谢建国,章素珍,2017. 反倾销与中国出口产品质量升级:以美国对华贸易反倾销为例[J]. 国际贸易问题(01):153-164.

[61] 谢锐,王振国,陈湘杰,2021. 中国省级出口国内增加值率及其变动机制研究[J]. 管理科学学报,24(01):89-108.

[62] 谢申祥,王孝松,2013. 反倾销政策与研发竞争[J]. 世界经济研究(01):22-28,87.

[63] 许家云,毛其淋,胡鞍钢,2017. 中间品进口与企业出口产品质量升级:基于中国证据的研究[J]. 世界经济,40(03):52-75.

[64] 严鹏,2019. 战争与幼稚工业保护理论——基于抗日战争时期中国民生机器厂演化的检验[J]. 财经问题研究(01):20-27.

[65] 杨飞,孙文远,程瑶,2018. 技术赶超是否引发中美贸易摩擦[J]. 中国工业经济(10):99-117.

[66] 杨连星,张秀敏,王孝松,2017. 反倾销如何影响了出口技术复杂度?[J]. 中国经济问题(03):64-75.

[67] 杨汝岱,2015. 中国制造业企业全要素生产率研究[J]. 经济研究,50(02):

61-74.

[68] 余淼杰,袁东,2016. 贸易自由化、加工贸易与成本加成——来自我国制造业企业的证据[J]. 管理世界(09):33-43,54.

[69] 余振,陈鸣,2019. 贸易摩擦对中国对外直接投资的影响:基于境外对华反倾销的实证研究[J]. 世界经济研究(12):108-120,133.

[70] 余振,周冰惠,谢旭斌,等,2018. 参与全球价值链重构与中美贸易摩擦[J]. 中国工业经济(07):24-42.

[71] 岳云嵩,李兵,2018. 电子商务平台应用与中国制造业企业出口绩效——基于"阿里巴巴"大数据的经验研究[J]. 中国工业经济(08):97-115.

[72] 张杰,陈志远,刘元春,2013. 中国出口国内附加值的测算与变化机制[J]. 经济研究,48(10):124-137.

[73] 张杰,杨连星,新夫,2016. 房地产阻碍了中国创新么?——基于金融体系贷款期限结构的解释[J]. 管理世界(05):64-80.

[74] 张杰,郑文平,陈志远,等,2014. 进口是否引致了出口:中国出口奇迹的微观解读[J]. 世界经济,37(06):3-26.

[75] 张杰,郑文平,翟福昕,2014. 中国出口产品质量得到提升了么?[J]. 经济研究,49(10):46-59.

[76] 张盼盼,陈建国,2019. 融资约束如何影响了中国制造业的出口国内增加值率:效应和机制[J]. 国际贸易问题(12):18-31.

[77] 张盼盼,张胜利,陈建国,2020. 融资约束、金融市场化与制造业企业出口国内增加值率[J]. 金融研究(04):48-69.

[78] 张先锋,陈永安,吴飞飞,2018. 出口产品质量升级能否缓解中国对外贸易摩擦[J]. 中国工业经济(07):43-61.

[79] 赵海峰,李世媛,巫昭伟,2021. 中央环保督察对制造业企业转型升级的影响——基于市场化进程的中介效应检验[J]. 管理评论(06):1-11.

[80] 赵文霞,刘洪愧,2020. 贸易壁垒对出口产品质量的影响[J]. 经济评论(04):144-160.

[81] 诸竹君,黄先海,余骁,2018.进口中间品质量、自主创新与企业出口国内增加值率[J].中国工业经济(8):116-123.

[82] ABOUZEEDAN A, BUSLER M, 2007. Internetization management the way to run the strategic alliances in the E-globalization age [J]. Global Business Review, 8(2): 303-321.

[83] ABRAHAM, KATHARINE G, SUSAN K, 1996. Taylor firms′ use of outside contractors: theory and evidence [J]. Journal of Labor Economics, 14 (3):

394-424.

[84] BECHT M, 2018. Internalizing global value chains: a firm-level analysis[J]. Journal of Political Economy, 127(2): 508-559.

[85] AMITI M, KHANDELWAL A K, 2013. Import competition and quality upgrading [J]. Review of Economics and Statistics, 95(2): 476-490.

[86] ANDERSON J, WINCOOP E, 2004. Trade costs[J]. Journal of economic literature, 42(3): 691-751.

[87] ANGRIST J D, PISCHKE J S, 2010. The credibility revolution in empirical economics: how better research design is taking the con out of econometrics[J]. Journal of Economic Perspectives, 24(2): 3-30.

[88] ANTRAS P, COSTINOT A, 2011. Intermediated trade[J]. The Quarterly Journal of Economics, 126 (3): 1319-1374.

[89] ANTRAS P, CHOR D, 2013. Organizing the global value chain [J]. Econometrica, 81(6): 2127-2204.

[90] ANTRAS P, HELPMAN E, 2009. Contractual frictions and global sourcing[M]. Boston: Harvard University Press.

[91] ANTRAS P, HELPMAN E, 2004. Global sourcing[J]. Journal of Political Economy, 112(3): 552-580.

[92] ANTRAS P, 2003. Firms, contracts, and trade structure[J]. The Quarterly Journal of Economics, 118 (4): 1375-1418.

[93] ANTRAS P, 2014. Grossman-hart goes global: incomplete contracts, property rights, and the international organization of production[J]. The Journal of Law and Economics, Organization, 30: 118-175.

[94] ANTRAS P, 2005. Incomplete contracts and the product cycle[J]. American Economic Review, 95(4): 1054-1073.

[95] BALDWIN R E, 2008. Managing the noodle bowl: the fragility of east asian regionalism[J]. The Singapore Economic Review, 53(3): 449-478.

[96] BAS M, STRAUSS-KAHN V, 2015. Input-trade liberalization, export prices and quality upgrading[J]. Journal of International Economics, 95(2): 250-262.

[97] BECK T, LEVINE R, LEVKOV A, 2010. Big bad banks? The winners and losers from bank deregulation in the United States[J]. The Journal of Finance, 65(5): 1637-1667.

[98] BERNARD A B, JENSEN J B, 1999. Exceptional exporter performance: cause, effect, or both? [J]. Journal of international economics, 47(1): 1-25.

[99] BERNARD A B, EATON J, JENSEN J B, et al. , 2003. Plants and productivity in international trade[J]. American Economic Review, 93(4): 1268-1290.

[100] BLUM B, GOLDFARB A, 2006. Does the internet defy the law of gravity? [J]. Journal of International Economics, 70(2): 384-405.

[101] BOURLÈS R, CETTE G, LOPEZ J, et al. , 2013. Do product market regulations in upstream sectors curb productivity growth? Panel data evidence for OECD countries[J]. Review of Economics and Statistics, 95(5): 1750-1768.

[102] BOWN C P, MCCULLOCH R, 2012. Antidumping and market competition: implications for emerging economies[R]. World Bank Policy Research Working Paper Series No. 6197.

[103] BOWN C P, 2010. China's WTO entry: antidumping, safeguard and dispute settlement, in R. C. Feenstra and S. J. Wei, eds, China's growing role in world trade[M]. Chicago: University of Chicago Press.

[104] BRAMBILLA I, PORTO G G, TAROZZI A, et al. , 2012. Adjusting to trade policy: evidence form U. S. antidumping duties on vietnamese catfish[J]. Review of Economics Statistics, 94(1): 304-319.

[105] BRANDER, JAMES A, BARBARA J, et al. , 1985. Export subsidies and international market share rivalry[J]. Journal of International Economics, 18(1): 83-100.

[106] BRANDER, JAMES A, BARBARA J, et al. , 1981. Tariffs and the extraction of foreign monopoly rents under potential entry[J]. Canadian Journal of Economics, 371-389.

[107] BRANDT L, BIESEBROECK J V, Zhang Y F, 2012. Creative accounting or creative destruction? firm-level productivity growth in Chinese manufacturing [J]. Journal of Development Economics, 97(2): 339-351.

[108] CAGLAYAN, MUSTAFA, USMAN M, 2004. Incompletely informed policymakers and trade policy in oligopolistic industries[J]. The Manchester School, 72(3): 283-297.

[109] CHANDRA P, LONG C, 2013. Anti-dumping duties and their impact on exporters: firm level evidence from China[J]. World Development, 51: 169-186.

[110] CHANDRA P, 2014. WTO subsidy rules and tariff liberalization: evidence from accession of China[J]. The Journal of International Trade & Economic Development, 23(8): 1170-1205.

[111] CHANDRA P, Long C, 2013. Anti-dumping duties and their impact on exporters: firm level evidence from China [J]. World development, 51: 169-186.

[112] CHOI C, 2010. The effect of the internet on service trade[J]. Economics Letters, 109(2): 102-104.

[113] CHOR D, MANOVA K, 2012. Off the cliff and back? Credit conditions and international trade during the global financial crisis[J]. Journal of International Economics, 87(1): 117-133.

[114] CLERIDES S K, LACHS, JAMES R, et al. , 1998. Is learning by exporting important? Micro-dynamic evidence from Colombia, Mexico, and Morocco[J]. The Quarterly Journal of Economics, 113(3): 903-947.

[115] COASE R H, 1937. The nature of the firm[J]. Economica, 386-405.

[116] COLLIE D, MEZA D D, 2003. Comparative advantage and the pursuit of strategic trade policy[J]. Economics, 81(2): 279-283.

[117] LOECKER J D, WARZNSKI F, 2012. Markups and firm-level export status [J]. The American Economic Review, 102(6): 2437-2471.

[118] DIAO X, ROET, YELDANE, 1999. Strategic policies and growth: an applied model of R&D-driven endogenous growth [J]. Journal of Development Economics, 60(2): 343-380.

[119] DINLERSOZ E, DOGAN C, 2010. Tariffs versus anti-dumping duties[J]. International Review of Economics & Finance, 19(3): 436-451.

[120] DUFLO E, 1977. Monopolistic competition and optimum product diversity[J]. The American Economic Review, 67(3): 297-308.

[121] DIXON, JANINE, 2017. The impact on australia of trump's 45 percent tariff on Chinese imports [J]. Economic Papers: A journal of applied economics and policy, 36(3):266-274.

[122] DOLLAR D, KHAN B, PEI J, 2019. Should high domestic value added in exports be an objective of policy? [R]. Global Value Chain Development Report, WTO.

[123] DOMOWITZ I, HUBBARD R G, PETERSEN B C, 1986. Business cycles and the relationship between concentration and price-cost margins[J]. Rand Journal of Economics, 17(1): 1-17.

[124] DORNBUSCH R, FISCHER S, SAMUELSON P A, 1977. Comparative advantage, trade, and payments in a ricardian model with a continuum of goods

[J]. The American Economic Review, 67(5): 823-839.

[125] KORTUM E S, 2002. Technology, geography, and trade[J]. Econometrica, 70 (5): 1741-1779.

[126] EDMOND C, MIDRIGAN V, XU D Y, 2015. Competition, markups, and the gains from trade[J]. American Economic Review, 105(10): 3183-3221.

[127] ETEMAD H, WILKINSON I, DANA L P, 2010. Internetization as the necessary condition for internationalization in the newly emerging economy[J]. Journal of International Entrepreneurship, 8(4): 319-342.

[128] FAN H C, LI Y A, YEAPLE S R, 2015. Trade liberalization, quality, and export prices[J]. Review of Economics and Statistics, 97(5): 1033-1051.

[129] FEENSTRA R C, HANSON G H, 1997. Foreign direct investment and relative wages: evidence from mexico's maquiladoras [J]. Journal of International Economics, 42(3-4): 371-393.

[130] FEENSTRA R C, LI Z, YU M, 2014. Exports and credit constraints under incomplete information: theory and evidence from China [J]. Review of Economics and Statistics, 96(4): 729-744.

[131] FEENSTRA R C, 1998. Integration of trade and disintegration of production in the global economy[J]. Journal of Economic Perspectives, 12(4): 31-50.

[132] FEINBERG R, KAPLAN S, 1993. Fishing down-stream: the political economy of effective administered protection [J]. Canadian of Journal of Economics (26): 150-158.

[133] FENG L, LI Z Y, SWENSON D L, 2016. The connection between imported intermediate inputs and exports: evidence from Chinese firms[J]. Journal of International Economics, 101: 86-101.

[134] FOSTER C, GRAHAM M, 2017. Reconsidering the role of the digital in global production networks[J]. Global Networks, 17(1): 68-88.

[135] FRANCOIS J, HOEKMAN B, 2010. Services trade and policy[J]. Journal of Economic Literature, 48: 642-692.

[136] GANGL M, 2010. Causal inference in sociological research[J]. Annual Review of Sociology, 36: 21-47.

[137] GANGULI B, 2008. The trade effects of indian antidumping actions[J]. Review of International Economics, 16(5): 930-941.

[138] GAO X W, MIYAGIWA K, 2005. Antidumping protection and R&D competition[J]. Canadian Journal of Economics, 38(1): 211-227.

[139] GOLDBERG P K, KHANDELWAL A K, TOPALOVA P, et al., 2010. Imported intermediate inputs and domestic product growth: evidence from india [J]. Quarterly Journal of Economics, 125(4): 1727-1767.

[140] GOLDBERG P K, PAVCNIK N, 2016. The effects of trade policy [J]. Handbook of Commercial Policy, 1: 161-206.

[141] GOMORY R E, BAUMOL W J, 2009. Global trade and conflicting national interests [M]. Cambridge: MIT Press.

[142] GORMSEN C, 2011. Anti-dumping with heterogeneous firms [J]. International Economics, 125: 41-64.

[143] GROSSMAN G M, HELPMAN E, 2005. Outsourcing in a global economy [J]. The Review of Economic Studies, 72(1): 135-159.

[144] GROSSMAN G M, ESTEBAN R H, 2006. The rise of offshoring: it's not wine for cloth anymore [M]. The New Economic Geography: Effects and Policy Implications.

[145] GROSSMAN M, SANFORD J, OLIVER D, 1986. The costs and benefits of ownership: a theory of vertical and lateral integration [J]. Journal of Political Economy, 94(4): 691-719.

[146] HALL R E, 1986. Market structure and macroeconomic fluctuations [J]. Brookings Papers on Economic Activity, 2: 285-322.

[147] HELLMANZIK C M, SCHMITZ, 2015. Virtual proximity and audiovisual service trade [J]. European Economic Review, 77(7): 82-101.

[148] HENN C, MCDONALD B, 2014. Crisis protectionism: the observed trade impact [J]. IMF Economic Review, 62(1): 77-118.

[149] HOEKMAN B M, LEIDY M P, 1992. Cascading contingent protection [J]. European Economic Review, 36(4): 883-892.

[150] HONG T, SHIMADA H, 1994. Troubled industries in the United States and Japan [M]. United States: St Martin's Press.

[151] HOPENHAYN H A, 1992. Entry, exit, and firm dynamics in long run equilibrium [J]. Journal of the Econometric Society, 60(5): 1127-1150.

[152] HUFBAUER G C, SCHOTT J J, CIMINO C, et al., 2013. Local content requirements: a global problem [J]. Peterson Institute Press: All Books, 12: 481-494.

[153] HUMMELS D L, DANA R D, KEI-MU Y, 1998. Vertical specialization and the changing nature of world trade [J]. Economic Policy Review, 4(2): 79-99.

[154] HUMMELS, DAVID, JUN I, et al., 2001. The nature and growth of vertical specialization in world trade[J]. Journal of International Economics, 54(1): 75-96.

[155] JOHNSON R C, NOGUERA G, 2017. A portrait of trade in value-added over four decades[J]. Review of Economics and Statistics, 99(5): 896-911.

[156] JOHNSON R C, NOGUERA G, 2012. Accounting for intermediates: production sharing and trade in value added[J]. Journal of International Economics, 86 (2): 224-236.

[157] KAO K F, CHENG H P, 2016. Anti-dumping protection, price undertaking and product innovation[J]. International Review of Economics & Finance, 41: 53-64.

[158] KEE H, TANG H, 2016. Domestic value added in exports: theory and firm evidence from China[J]. The American Economic Review, 106: 1402-1436.

[159] KONINGS J, VANDENBUSSCHE H, 2013. Antidumping protection hurts exporters: firm-level evidence [J]. Review of World Economics, 149(2): 295-320.

[160] KONINGS J, VANDENBUSSCHE H, 2008. Heterogeneous responses of firms to trade protection[J]. Journal of International Economics, 76(2): 371-383.

[161] KOOPMAN R, POWERS W, WANG Z, et al., 2010. Give credit where credit is due: tracing value added in global production chains[R]. NBER Working Paper No. 16426.

[162] KOOPMAN R, WANG Z, WEI S J, 2012. Estimating domestic content in exports when processing trade is pervasive [J]. Journal of Development Economics, 99(1): 178-189.

[163] KOOPMAN R, Wang Z, WEI S J, 2008. How much of Chinese exports is really made in China? Assessing domestic value-added when processing trade is pervasive[R]. NBER Working Paper No. 14109.

[164] KOOPMAN R, Wang Z, WEI S J, 2014. Tracing value-added and double counting in gross exports[J]. American Economic Review, 104(2): 459-494.

[165] KRUGMAN P R, 1979. Increasing returns, monopolistic competition, and international trade[J]. Journal of International Economics, 9(4): 469-479.

[166] KRUGMAN P R, 1980. Scale economies, product differentiation, and the pattern of trade[J]. The American Economic Review, 70(5): 950-959.

[167] LEMI A, 2016. Trade measures of OECD countries and the decline in exports of

African countries: is murky protectionism responsible? [J]. Journal of Global Economics, 4(1): 1-9.

[168] LI C, WHALLEY J, 2010. Chinese firm and industry reactions to antidumping initiations and measures[J]. Applied Economics, 47(26): 2683-2698.

[169] LIANG T P, YOU J J, LIU C C, 2010. A resource-based perspective on information technology and firm performance: a meta-analysis[J]. Industrial Management & Data Systems, 110(8), 1138-1158.

[170] LITAN R E, RIVLIN A M, 2001. Projecting the economic impact of the internet [J]. The American Economic Review, 91(2): 313-317.

[171] LIU Q, SHI Z, YANG Z, et al., 2017. International comparison of bonded system and Chinese tariff legislation: a policy approach[J]. International Taxation in China.

[172] LU Y, TAO Z G, ZHANG Y, 2018. How do exporters adjust export product scope and product mix to react to antidumping? [J]. China Economic Review, 51(5): 20-41.

[173] LU Y, TAO Z G, ZHANG Y, 2013. How do exporters respond to antidumping investigations? [J]. Journal of International Economics, 91(2): 290-300.

[174] MANOVA K, 2008. Credit constraints, equity market liberalizations and international trade[J]. Journal of International Economics, 76(9): 33-47.

[175] MANOVA K, Yu Z H, 2016. How firms export: processing vs. ordinary trade with financial frictions[J]. Journal of International Economics, 100: 120-137.

[176] MAREL E, 2012. Trade in services and TFP: the role of regulation[J]. The World Economy, 35: 1530-1558.

[177] MELITZ M J, GIANMARCO I O, 2008. Market size, trade, and productivity [J]. The Review of Economic Studies, 75(1): 295-316.

[178] MELITZ M J, 2003. The impact of trade on intra-industry reallocations and aggregate industry productivity[J]. Econometrica, 71(6): 1695-1725.

[179] MIYAGIWA K, OHNO Y, 1995. Closing the technology gap under protection [J]. The American Economic Review, 755-770.

[180] MIYAGIWA K, SONG H S, VANDENBUSSCHE H, 2016. Accounting for stylised facts about recent anti-dumping: retaliation and innovation[J]. The World Economy, 39(2): 221-235.

[181] MORASCH K, 2000. Strategic alliances: a substitute for strategic trade policy? journal of international economics[J], 52(1): 37-67.

[182] PAVCNIK N, 2002. Trade liberalization, exit, and productivity improvements: evidence from chilean plants[J]. The Review of Economic Studies, 69(1): 245-276.

[183] PIERCE J R, 2011. Plant-level responses to antidumping duties: evidence from US manufacturers[J]. Journal of International Economics, 85(2): 222-233.

[184] ROEGER M J, JAMES R, 1997. The decision to export in colombia: an empirical model of entry with sunk costs[J]. The American Economic Review: 545-564.

[185] ROEGER W, 1995. Can imperfect competition explain the difference between primal and dual productivity measures? Estimates for U. S. manufacturing[J]. Journal of Political Economy, 103(2): 316-330.

[186] ROHRER J M, 2018. Thinking clearly about correlations and causation: graphical causal models for observational data[J]. Advances in Methods and Practices in Psychological Science, 1(1): 27-42.

[187] SAIFUL, ALIM, ROSYADI, et al., 2018. Impact of Donald Trump's tariff increase against Chinese imports on global economy: global trade analysis project (GTAP) model[J]. Journal of Chinese Economics and Business Studies.

[188] SAJONS G B, 2020. Estimating the causal effect of measured endogenous variables: a tutorial on experimentally randomized instrumental variables[J]. The Leadership Quarterly, 31(5): 101348.

[189] SAMII C, 2016. Causal empiricism in quantitative research[J]. The Journal of Politics, 78(3): 941-955.

[190] SHAVER J M, 2020. Causal identification through a cumulative body of research in the study of strategy and organizations[J]. Journal of Management, 46(7): 1244-1256.

[191] SZALAVETZ A, 2019. Digitalisation, automation and upgrading in global value chains-factory economy actors versus lead companies [J]. Post-Communist Economies, 31(5): 646-670.

[192] TOPALOVA P, KHANDELWAL A, 2011. Trade liberalization and firm productivity: the case of india[J]. Review of Economics and Statistics, 93(3): 995-1009.

[193] TREFLER, DANIEL, 2004. The long and short of the Canada-US free trade agreement[J]. American Economic Review, 94(4): 870-895.

[194] UPWARD, RICHARD, W Z, et al., 2013. Weighing China's export basket: the domestic content and technology intensity of Chinese exports[J]. Journal of

Comparative Economics, 41(2): 527-543.

[195] VENABLES, ANTHONY J, 1984. Multiple equilibria in the theory of international trade with monopolistically competitive commodities[J]. Journal of International Economics, 16(1-2): 103-121.

[196] VINER J, 1923. Dumping: a problem in international trade[M]. Chicago: University of Chicago Press.

[197] WANG Z, WEI S J, ZHU K F, 2013. Quantifying international production sharing at the bilateral and sector levels[R]. NBER Working Paper No. 19677.

[198] WILFRED J, ETHIER, 1982. Dumping[J]. Journal of Political Economy, 90 (3), 487-506.

[199] WILLIAMSON, OLIVER E, 1987. The economic institutions of capitalism: firms, markets, relational contracting[M]. [S. I.]: Free Press.

[200] WOOLDRIDGE J M, 2010. Econometric analysis of cross section and panel data (2nd ed.) [M]. Cambridge: MIT Press.

[201] YI K M, 2010. Can multistage production explain the home bias in trade? [J]. American Economic Review, 100(1): 364-393.

[202] YI K M, 2003. Can vertical specialization explain the growth of world trade? [J]. Journal of Political Economy, 111(1): 52-102.